Nachtrag

zu

Krieg, Mietrecht

Fünfte Auflage

Abgeschlossen am 1. November 1939

(Guttentagsche Sammlung Deutscher Reichsgesetze Nr. 156)

Inhaltsverzeichnis.

II. Preisstoprecht.

Seite

Dcc. Runderl. des RfPr., betr. Erhöhung des Mietzinses auf Grund baulicher Verbesserungen, v. 20. 10. 38 3

Ddd. Grundf. Entsch. des RfPr., betr. Mietzinsberechnung bei Neubauten mit Reichsbürgschaft, v. 6. 12. 38 6

Dee. Runderl. Nr. 153/38 des RfPr., betr. Mieterhöhung bei Änderung der Benutzungsart von Räumen, v. 29. 12. 38 7

Dff. Runderl. Nr. 154/38 des RfPr., betr. Verweisung an Mieteinigungsämter, v. 30. 12. 38 8

Dgg. Runderl. Nr. 27/39 des RfPr., betr. Übertragung der Preisüberwachung bei Mieten auf die Oberbürgermeister, v. 6. 4. 39 10

Dhh. Runderl. Nr. 29/39 des RfPr., betr. Mieterhöhung durch den Wegfall von Steuerbefreiungen am 1. April 1939, v. 12. 4. 39 10

Dii. Runderl. des RfPr., betr. Wegfall von Zinsnachlaß für die aus dem Wohnungsfürsorgefonds des Reiches gewährten Baudarlehen, v. 25. 5. 39 11

Dkk. VO. des RfPr. über Strafen und Strafverfahren bei Zuwiderhandlungen gegen Preisvorschriften v. 3. 6. 39 12

Dll. Grundf. Entsch. des RfPr., betr. Wirksamwerden von Genehmigungen des RfPr., v. 20. 7. 39 26

Dmm. Grundf. Entsch. des RfPr., betr. Angleichung von Gefälligkeitsmieten, v. 21. 7. 39 26

Dnn. Runderl. Nr. 99/39 des RfPr., betr. Verfahren in Mietpreisbildungssachen über Wohnräume im Kriege, v. 27. 9. 39 27

Doo. Runderl. Nr. 107/39 des RfPr., betr. Geschäftsraummieten im Kriege, v. 12. 10. 39 28

Seite

III. Wohnungsmangel, Wohnungsrecht.

Fm. Vo. des RArbMin. über die Neugestaltung der Reichshauptstadt Berlin und der Hauptstadt der Bewegung München v. 8. 2. 39 29
Fn. 8. VO. des RArbMin. über das Verbot der Umwandlung von Wohnungen in Räume anderer Art v. 20. 3. 39 . . . 31
Fo. 9. VO. desgl. v. 29. 9. 39 33
Fp. VO. des RfPr. zur Erleichterung der Wohnungsbeschaffung für kinderreiche Familien v. 20. 4. 39 34
Fq. DurchfVO. des RfPr. dazu v. 15. 6. 39 35
Fr. Runderl. Nr. 53/39 des RfPr. dazu v. 15. 6. 39 38

IV. Mieterschutz.

1. Reichsrecht.

Jp. Fünfte VO. zum Reichsbürgergesetz v. 27. 9. 38 45
Jq. Sechste VO. zum Reichsbürgergesetz v. 31. 10. 38 47
Jr. Achte VO. zum Reichsbürgergesetz v. 17. 1. 39 50
Js. Gesetz über Mietverhältnisse mit Juden v. 30. 4. 39 51
Jt. VO. des RfPr. über Maßnahmen der Preisbehörden bei Kündigungen von Miet- und Pachtverhältnissen v. 19. 4. 39 57
Ju. DurchfVO. des RfPr. dazu v. 24. 6. 39 60
Jv. Runderl. Nr. 66/39 des RfPr. dazu v. 8. 7. 39 68
Jw. Dritte VO. zur Ausführung der VO. über Kündigungsschutz für Miet- und Pachträume v. 5. 9. 39 75
Jx. Vierte VO. zur Ausführung der VO. über Kündigungsschutz für Miet- und Pachträume v. 26. 9. 39 95

3. Berlin.

Lb. AnO. über die Anmeldung von Räumen nach Maßgabe des Reichsgesetzes über Mietverhältnisse mit Juden vom 30. April 1939 v. 19. 5. 39 98

V. Kostenwesen.

Mc. VO. des RfPr. über die Kostenpflicht und Kostenerhebung in Miet- und Pachtpreissachen v. 29. 12. 38 101
Md. Runderl. Nr. 155/38 des RfPr. dazu v. 29. 12. 38 103

VI. Rechtsentscheide 107

VII. Gesetzesregister 114

II.

Preisstoprecht.

D cc.

Runderlaß, betr. Erhöhung des Mietzinses auf Grund baulicher Verbesserungen.

(Zu Ziffer 42 des Runderlasses Nr. 184/37.)

Runderl. des RfPr. vom 20. Oktober 1938 (MittBl. d. RfPr. 1938 Teil I Nr. 34 vom 24. Oktober 1938 = GE. 1938 S. 851).

An die Preisüberwachungsstellen und die Stadt- und Landkreise — Preisbehörden —, nachrichtlich den Preisbildungsstellen.

Nach Ziffer 42 des Runderlasses Nr. 184/37[1] ist bei Durchführung baulicher Verbesserungen eine Erhöhung des Mietzinses insoweit zuzulassen, als sie notwendig ist, um eine angemessene Verzinsung und Abschreibung des aufgewendeten Kapitals zu ermöglichen. Um die Durchführung dieser Vorschrift zu erleichtern und zu vereinfachen, haben die Preisbehörden teilweise für die am häufigsten vorkommenden Verbesserungen bestimmte Sätze oder Berechnungsmethoden festgesetzt, nach denen sie die zulässige Mieterhöhung errechnen. Dieses Verfahren hat sich bewährt und insbesondere eine wesentliche Beschleunigung der Entscheidungen ermöglicht. Ich empfehle daher, es allgemein anzuwenden. Um die erforderliche Einheitlichkeit zu wahren, ersuche ich, dabei folgende Richtlinien zu beachten:

1. Krieg[5] zu Ds.

1. Neuanlage einer elektrischen Lichtleitung.

Angemessen ist eine Mieterhöhung von jährlich 10 v. H. der Anlagekosten. Der Betrag ist nach dem Maßstab der angelegten Brennstellen auf die einzelnen Mieter zu verteilen.

2. Neueinrichtung einer elektrischen Treppenhausbeleuchtung.

Angemessen ist eine Mieterhöhung von 12 RM jährlich je Brennstelle. Der Betrag verteilt sich in jedem Stockwerk zu gleichen Teilen auf die vorhandenen Wohnungen.

Wenn elektrische Treppenhausbeleuchtung an Stelle von Gasbeleuchtung eingerichtet wird, ist eine Mieterhöhung nicht berechtigt.

3. Neueinrichtung einer Waschküche.

Die Berechnung muß getrennt für die allgemeinen Baukosten (Wände, Türen, Fenster) und die Einrichtungskosten (Waschofen und Kessel) vorgenommen werden. Angemessen ist eine Erhöhung der Jahresmiete in Höhe von 8 v. H. der aufgewandten Baukosten und in Höhe von 15 v. H. der übrigen Einrichtungskosten. Der Betrag ist zu gleichen Teilen auf die im Hause vorhandenen Wohnungen zu verteilen.

4. Neueinrichtung von Badezimmern und Wasserspülklosetts.

Auch hier ist die Berechnung für die Baukosten (Wände, Leitungen, Fliesen) und die Einrichtungskosten (Wanne, Ofen, Waschbecken, Klosettbecken) getrennt durchzuführen. Von den Baukosten sind 8 v. H., von den übrigen Einrichtungskosten 12 v. H. Erhöhung der Jahresmiete zuzubilligen.

5. Anlage einer Zentralheizung und Warmwasserversorgungseinrichtung sowie Neuaufstellung von Öfen und Herden in Zimmern, die früher nicht heizbar waren.

Angemessen ist eine Erhöhung der Jahresmiete in Höhe von 10 v. H. der aufgewandten Kosten.

6. Anlage einer Fahrstuhleinrichtung.

Angemessen ist eine Erhöhung der Jahresmiete in Höhe von 15 v. H. der Anlagekosten. Der Betrag ist auf die im Hause vorhandenen Wohnungen zu gleichen Teilen zu verteilen, sofern nicht aus besonderen Gründen eine andere Art der Verteilung geboten ist.

(Das Folgende gilt für Nr. 1—6, soweit nichts anderes gesagt.)

Die Mieterhöhungen sind ohne zeitliche Beschränkung zuzulassen. Gleichzeitig ist aber der Vermieter zu verpflichten, bei Unbrauchbarwerden der hergestellten Einrichtung diese gleichwertig zu erneuern. Eine Verletzung dieser Pflicht stellt einen Verstoß gegen die Preisstopverordnung dar.

Die angegebenen Beträge umfassen die Verzinsung und Amortisation des aufgewandten Kapitals und enthalten auch die Abgeltung für die mit der Neuanlage verbundenen Betriebs- und Instandhaltungskosten. Nur in den Fällen der Nr. 4 und 5 sind die Betriebskosten noch nicht berücksichtigt. Der Wasserverbrauch bei der Einrichtung eines Badezimmers (Nr. 4) kann bei einer Wohnung, die aus Stube und Küche besteht, mit etwa 4 cbm monatlich, bei zwei Zimmern und Küche mit etwa 6 cbm, bei größeren Wohnungen mit 8—10 cbm angenommen werden.

Zur Vermeidung von Zweifeln weise ich noch einmal darauf hin, daß eine Mieterhöhung auf Grund von Ziffer 42 des Runderlasses Nr. 184/37 [1] nur in Betracht kommt, wenn es sich um Neueinrichtungen handelt, nicht aber, wenn veraltete oder verbrauchte Einrichtungen durch neue ersetzt werden. Im letzteren Falle handelt es sich um Instandhaltungsarbeiten, deren Kosten die Vermieter selbst zu tragen haben (vgl. Ziff. 42 Satz 4).

Die Zubilligung von Mieterhöhungen wegen baulicher Verbesserungen kommt grundsätzlich nur für Arbeiten in Betracht, die nach dem 15. Oktober 1937 vorgenommen sind, da bis dahin der Vermieter die Möglichkeit hatte, eine der vorgenommenen Verbesserung entsprechende Mieterhöhung ohne Anrufung der Preisbehörde vorzunehmen (vgl. Abschnitt II des Runderlasses Nr. 153/37)[2]. Ausnahmen können zugelassen werden, wenn der Vermieter zweifelsfrei nachweist, daß er aus besonderen Gründen von dieser Möglichkeit vor dem 15. Oktober 1937 keinen Gebrauch machen konnte.

Die vorstehend angegebenen Sätze sind auch zugrunde zu legen, wenn bei einer Preisbehörde die Zustimmung zur Erhebung einer Zusatzmiete gemäß § 13 a RMG.[3] beantragt werden sollte, oder wenn ein Mieteinigungsamt auf Grund der allgemeinen Verfügung des Herrn Reichsjustizministers vom 5. April 1938 (Mitteilungsbl. Teil I Nr. 6 S. 5)[4] die Zustimmung der Preisbehörde zur Erhöhung einer Friedensmiete wegen baulicher Verbesserungen beantragt. Im letzteren Fall ist jedoch entsprechend dem Unterschied zwischen der gesetzlichen Miete und der Friedensmiete eine Kürzung um 10 v. H. vorzunehmen. Die Richtsätze können ferner als Maßstab dienen, wie weit bei Altwohnungen auf Grund der Anweisungen in Abs. 4 meines Runderlasses vom 6. April 1938 (Mitteilungsbl. I

Nr. 6 S. 6)[5] eine Überschreitung der gesetzlichen Miete zugelassen werden kann. Wenn der Vermieter in der Vergangenheit höhere Beträge verlangt hat, ist dies entsprechend zu berücksichtigen.

1. Krieg 5 zu Ds.
2. Krieg 5 zu Dn.
3. Krieg 5 zu Ac.
4. Krieg 5 zu Dx.
5. Krieg 5 zu Dy.

D dd.

Grundsätzliche Entscheidung, betr. Mietzinsberechnung bei Neubauten mit Reichsbürgschaft.

(Zu Ziff. 35 des Runderlasses Nr. 184/37.)

Grunds. Entscheidung des RfPr. vom 6. Dezember 1938 (MittBl. d. RfPr. 1938 Teil I Nr. 41 vom 12. Dezember 1938).

Der Begriff von „frei finanzierten“ Neubauten setzt nur voraus, daß der Bauherr die zur Durchführung des Neubaus erforderlichen Geldmittel sich auf dem freien Geldmarkt zu den üblichen Zinssätzen beschafft und die vom Staat für den Wohnungsbau zu ermäßigten Zinssätzen bereitgestellten Hypothekendarlehen nicht in Anspruch nimmt. Die Inanspruchnahme der Reichsbürgschaft für die 2. Hypothek ist mit der Gewährung eines staatlichen Darlehens zu einem niedrigen Zinssatz nicht gleichzusetzen, da die Reichsbürgschaft keine Zinsermäßigung bewirkt, sondern nur die satzungsmäßige Voraussetzung dafür schafft, daß die Sparkassen und Hypothekenbanken das Grundstück über 50 v. H. des Bau- und Bodenwertes hinaus beleihen dürfen. Infolgedessen sind auch solche Neubauten als „frei finanziert“ im Sinne der Ziffer 35 meines Runderlasses 184/37[1] anzusehen, für die eine Reichsbürgschaft für die 2. Hypothek übernommen ist. Die Zinsen für die aufgenommenen Hypotheken dürfen also mit dem tatsächlichen Betrage eingesetzt werden; die in Ziff. 35 des Runderlasses 184/37[1] angegebenen Sätze dürfen dabei aber nicht überschritten werden.

1. Krieg 5 zu Ds.

D ee.

Runderlaß Nr. 153/38, betr. Mieterhöhung bei Änderung der Benutzungsart von Räumen.

(Zu Ziffer 41 des Runderlasses Nr. 184/37.)

Runderl. des RfPr. vom 29. Dezember 1938 (MittBl. d. RfPr. 1939 Teil I Nr. 1 vom 2. Januar 1939 S. 10).

An die Preisüberwachungsstellen und die Stadt- und Landkreise — Preisbehörden —, nachrichtlich den Preisbildungsstellen.

Nach Ziffer 41 des Runderlasses Nr. 184/37[1] kann eine Mieterhöhung zugelassen werden, wenn sich die Benutzungsart der Räume erheblich geändert hat und dadurch dem Vermieter Mehraufwendungen entstehen. Zur Erläuterung dieser Bestimmung weise ich auf folgendes hin:

Nicht jede Änderung der Benutzungsart kann eine Mieterhöhung begründen. Die Änderung muß erheblich sein und dem Vermieter Mehraufwendungen verursachen. Selbstverständliche Voraussetzung ist ferner, daß die anderweitige Benutzungsart nicht gesetzwidrig sein darf.

Ob eine erhebliche Änderung der Benutzungsart vorliegt, hängt von der Lage des Einzelfalles ab. Die Vergrößerung der Zahl der Haushaltangehörigen oder die Aufnahme von Untermietern stellt eine erhebliche Änderung der Benutzungsart nicht dar, auch nicht, wenn die Untervermietung gewerbsmäßig erfolgt. Im Falle der Untervermietung wird aber vielfach gemäß Ziffer 9 des Runderlasses 184/37[1] die Erhebung eines Zuschlages für die Gestattung der Untervermietung zugelassen werden können. Ferner liegt keine erhebliche Änderung der Benutzungsart vor, wenn Heimarbeit in Wohnräumen von den Familienangehörigen des Mieters verrichtet wird.

Eine erhebliche Änderung der Benutzungsart, durch die dem Vermieter Mehraufwendungen entstehen, wird hingegen in der Regel anzunehmen sein, wenn Räume, die bisher als Wohnung dienten, nunmehr ganz oder zum Teil zu gewerblichen oder geschäftlichen Zwecken benutzt oder vermietet werden.

In Betracht kommen in erster Linie Wohnungen von Ärzten, Anwälten, Kaufleuten usw., die einen Teil der Zimmer oder die ganze Wohnung zu Berufszwecken benutzen; ferner Wohnungen, die als Fremdenheime oder Pensionen dienen.

In solchen Fällen wird zur Abgeltung der Mehraufwendungen des Vermieters im allgemeinen eine Mieterhöhung von 10 v. H.

des bisherigen Mietzinses zuzulassen sein[2]. Hat der Vermieter auf seine Kosten bauliche Veränderungen machen lassen, so sind diese außerdem nach Ziffer 42 des Runderlasses 184/37[1] in Verbindung mit dem Erlaß vom 20. Oktober 1938 (Mitteilungsbl. I Nr. 34 S. 3)[3] zu berücksichtigen.

Um denselben Hundertsatz ist der Mietzins zu ermäßigen, wenn die Räume wieder lediglich zu Wohnzwecken verwendet oder neu vermietet werden.

Handelt es sich um Geschäftsräume im eigentlichen Sinne (Läden, Werkstätten), so muß im allgemeinen eine völlig neue Berechnung der Miete unter Anlehnung an die für gleichartige Objekte üblichen und angemessenen Mieten erfolgen. Dabei sind gemäß Ziffer 66 des Runderlasses 184/37[1] die Industrie- und Handelskammer bzw. die Handwerkskammer gutachtlich zu hören.

1. Krieg[5] zu Ds.

2. Dazu Bescheid des RfPr. v. 15. 2. 39 (mitgeteilt in Deutsche Wohnwirtschaft 39 S. 119):

In der Regel wird dieser Satz (von 10 v. H.), auch wenn die Änderung der Benutzungsart nur für einen Teil der Wohnung zutrifft, vom Mietzins der gesamten in Betracht kommenden Wohnung zu berechnen sein, es sei denn, daß eine solche Berechnung zu offenbaren Unbilligkeiten führen würde. So wäre es z. B. ungerechtfertigt, bei Berechnung der Mieterhöhung den Gesamtbetrag des Mietzinses zugrunde zu legen, wenn der gewerblichen oder geschäftlichen Zwecken dienende Teil der Wohnung gegenüber der Gesamtwohnung einen unverhältnismäßig kleinen Teil umfaßt.

3. Oben zu Dcc.

Dff.

Runderlaß Nr. 154/38, betr. Verweisung an Mieteinigungsämter.

(Zu Ziff. 26 des Runderlasses Nr. 184/37.)

Runderl. des RfPr. vom 30. Dezember 1938 (MittBl. d. RfPr. 1939 Teil I Nr. 1 vom 2. Januar 1939 S. 10).

An die Preisüberwachungsstellen und die Stadt- und Landkreise — Preisbehörden —, nachrichtlich den Preisbildungsstellen.

1. Wenn ein Mieter einen Antrag auf Senkung eines Mietzinses auf die gesetzliche Miete gestellt hat, so ist nach Ziff. 26 Satz 1 des Runderlasses Nr. 184/37[1] dem Vermieter, der glaubhaft macht, daß er nach dem Reichsmietengesetz Anspruch auf

Erhöhung der Friedensmiete hat, die Möglichkeit zu geben, darüber eine Entscheidung des Mieteinigungsamtes herbeizuführen. Nur in klarliegenden Fällen sollten nach Satz 2 a. a. O. die Preisbehörden selbst entscheiden, wie weit der Anspruch des Vermieters auf einen über der gesetzlichen Miete liegenden Mietzins sachlich berechtigt ist. Die hierin liegende Einschränkung der Entscheidungsbefugnis der Preisbehörden war, wie schon aus dem Erlaß vom 6. April 1938 (Mitteilungsbl. I Nr. 6 S. 6)[2] hervorgeht, von vornherein nur für eine Übergangszeit gedacht. Nachdem sich die Preisbehörden in der Zwischenzeit mit den ihnen übertragenen Aufgaben vertraut gemacht haben, wird im allgemeinen keine Notwendigkeit mehr bestehen, ein Verfahren vor der Preisbehörde auszusetzen und einen Vermieter zu veranlassen, sich an das Mieteinigungsamt zu wenden. Die Anrufung des Mieteinigungsamtes belastet nicht nur den Vermieter mit zusätzlichen Kosten, sie führt notwendigerweise auch zu einer erheblichen Verzögerung der Entscheidung der Preisbehörde. Dazu kommt, daß inzwischen für die wichtigsten Fälle, in denen eine Überschreitung der gesetzlichen Miete sachlich gerechtfertigt ist, nämlich bei zwischenzeitlicher Vornahme baulicher Verbesserungen, durch meinen Erlaß vom 20. Oktober 1938 (= Mitteilungsbl. I Nr. 34 S. 3)[3] genaue Anweisungen gegeben sind.

Das in Ziffer 26 Satz 1 des Runderlasses 184/37[1] vorgesehene Verfahren ist daher in Zukunft nur noch anzuwenden, wenn der Vermieter es ausdrücklich beantragt und besondere Gründe es geboten erscheinen lassen, diesem Antrage stattzugeben.

2. Auch in denjenigen Fällen, in denen Zweifel über die Höhe der Friedensmiete bestehen, soll eine Verweisung des Vermieters an das Mieteinigungsamt zwecks Feststellung oder Festsetzung der Friedensmiete in Zukunft grundsätzlich nicht mehr erfolgen. Die Preisbehörde hat vielmehr in solchen Fällen den nach Lage, Größe und Beschaffenheit der Wohnung angemessenen Mietzins von sich aus als Festmiete festzusetzen. Die Festsetzung einer Festmiete ist, wie sich gezeigt hat, im allgemeinen einfacher und zweckmäßiger als die Mietfestsetzung nach Maßgabe der Vorschriften in Abs. 3 des erwähnten Erlasses vom 6. April 1938[2].

1. Krieg[5] zu Ds.
2. Krieg[5] zu Dy.
3. Oben zu Dcc.

D gg.

Runderlaß Nr. 27/39, betr. Übertragung der Preisüberwachung bei Mieten auf die Oberbürgermeister.

Runderl. des RfPr. vom 6. April 1939 (MittBl. d. RfPr. 1939 Teil II Nr. 9 vom 17. April 1939 S. 77).

An alle Preisüberwachungsstellen, nachrichtlich an alle Preisbildungsstellen.

Ich erkläre mich damit einverstanden, daß auch in Bezirken mit staatlicher Polizeiverwaltung die Preisüberwachung bei Mieten und Pachten in dem durch Ziff. 4 des Organisationserlasses vom 12. Dezember 1936 (Reichsanzeiger Nr. 291)[1] bezeichneten Umfange den Oberbürgermeistern übertragen wird. Voraussetzung dafür ist, daß die Preisstellen für Mieten[2] so besetzt und ausgestattet sind, daß eine wirksame Überwachung der Mieten sichergestellt ist.

1. Krieg[5] zu Dg.
2. Krieg[5] zu Dm, Do.

D hh.

Runderlaß Nr. 29/39, betr. Mieterhöhung durch den Wegfall von Steuerbefreiungen am 1. April 1939.

Runderl. des RfPr. vom 12. April 1939 (MittBl. d. RfPr. 1939 Teil I Nr. 16 vom 17. April 1939 S. 132).

An alle Preisbildungs- und Preisüberwachungsstellen.

Vom 1. April 1939 ab werden der mittlere Neuhausbesitz (Wohngebäude, die in der Zeit vom 1. April 1931 bis 31. März 1934 bezugsfertig geworden sind) sowie die Kleinwohnungen des neuesten Neuhausbesitzes (Wohngebäude, die in der Zeit vom 1. April 1934 bis 31. März 1937 bezugsfertig geworden sind) nach den allgemeinen Vorschriften des Grundsteuergesetzes zur Grundsteuer herangezogen mit der Einschränkung, daß für die Dauer des ersten Hauptveranlagungszeitraumes noch eine Befreiung von einem Viertel der Grundsteuer besteht, soweit es sich nicht um Wohnungsneubauten handelt, die zum land- und forstwirtschaftlichen Vermögen gehören.

Es sind Zweifel entstanden, ob diese Steuererhöhung auf die Miete abgewälzt werden darf. Ich bemerke dazu, daß die in Ziffer 47 des Runderlasses Nr. 184/37[1] getroffene Regelung auch für die hier bezeichneten Fälle gilt. Grundsätzlich muß also der Vermieter die Steuererhöhung tragen. Daraus werden sich im allgemeinen auch keine wirtschaftlichen Härten ergeben, da wohl durchweg die Vermieter bei der Festsetzung der Mieten den späteren Wegfall der Steuerbefreiung mit in Rechnung gestellt haben. Sollte dies in einem Einzelfall nachweisbar nicht geschehen sein, so habe ich keine Bedenken, wenn ausnahmsweise eine Mieterhöhung genehmigt wird. Voraussetzung ist dabei, daß die Erhöhung der Grundsteuer nicht durch steuerliche Billigkeitsmaßnahmen oder durch Senkung der Zinsen der Hauszinssteuerhypotheken ausgeglichen werden kann. Außerdem darf keine höhere Miete festgesetzt werden, als nach dem Mietwert der in Frage kommenden Räume sachlich angemessen ist.

1. Krieg[5] zu Ds.

D ii.

Runderlaß, betr. Wegfall von Zinsnachlaß für die aus dem Wohnungsfürsorgefonds des Reiches gewährten Baudarlehen.

Runderl. des RfPr. vom 25. Mai 1939 (MittBl. d. RfPr. 1939 Teil I Nr. 22 vom 30. Mai 1939 S. 196).

An alle Preisbildungsstellen, nachrichtlich den Preisüberwachungsstellen.

Es hat sich ergeben, daß ähnlich wie bei den Hauszinssteuerhypotheken in einzelnen Fällen auch für die aus dem Wohnungsfürsorgefonds des Reiches gewährten Baudarlehen eine Zinsermäßigung sachlich nicht mehr gerechtfertigt ist. Wie bei den Hauszinssteuerhypotheken habe ich deshalb die für den Wegfall von Zinsnachlaß und die Erhöhung von Zinsen erforderliche Ausnahmegenehmigung allgemein erteilt. Die Erhöhung des Zinssatzes darf jedoch in keinem Falle zu einer Erhöhung der Mieten führen.

D kk.

Verordnung über Strafen und Strafverfahren bei Zuwiderhandlungen gegen Preisvorschriften*).

VO. des RfPr. vom 3. Juni 1939 (RGBl. I 999 = MittBl. d. RfPr. 1939 Teil I Nr. 25 vom 19. Juni 1939 S. 213).

In Kraft seit 1. 7. 39.

Auf Grund des Gesetzes zur Durchführung des Vierjahresplans — Bestellung eines Reichskommissars für die Preisbildung — vom 29. Oktober 1936 (Reichsgesetzbl. I S. 927)[1] in Verbindung mit der Zweiten Verordnung zur Einführung des Vierjahresplans im Lande Österreich vom 27. März 1938 (Reichsgesetzbl. I S. 315) und der Verordnung über die Aufgaben des Reichskommissars für die Preisbildung in den sudetendeutschen Gebieten vom 18. Oktober 1938 (Reichsgesetzbl. I S. 1444) wird mit Zustimmung des Beauftragten für den Vierjahresplan verordnet[2]:

1. Krieg[5] zu Db.

2. Sog. „**Preisstrafrechtsverordnung**". Damit sind für den überwiegenden Teil des Preisrechts einheitliche Strafvorschriften erlassen. Die zahlreichen Strafvorschriften in den einzelnen Verordnungen und Anordnungen des RfPr. selbst und der Preisbildungsstellen sowie des früheren Reichskommissars für Preisüberwachung sind aufgehoben (§ 38). Da die neuen Strafvorschriften sich ohne weiteres auf alle Zuwiderhandlungen gegen zukünftig ergehende Preisvorschriften erstrecken, so ist die Aufnahme von Strafvorschriften in Verordnungen oder Anordnungen oder ein Hinweis auf die Strafvorschriften dieser VO. in Zukunft nicht mehr erforderlich.

Wie bisher wird zwischen „Allgemeinem Strafrecht" und „Ordnungsstrafrecht" unterschieden. Ersteres liegt in der Hand der Strafgerichte und ist stets von einem Strafantrag der Preisüberwachungsstelle abhängig (§ 5), letzteres wird von der Preisüberwachungsstelle selbst gehandhabt (§ 8). In deren Ermessen liegt es also, ob sie eine Zuwiderhandlung von sich aus sühnen oder die Sache zur gerichtlichen Aburteilung bringen will. Sie wird letzteren Weg wählen, wenn als Sühne eine Geldstrafe nicht genügt, wenn zugleich Vorschriften des allgemeinen Strafrechts verletzt sind (z. B. Betrug, Urkundenfälschung) oder wenn die Aufklärung des Sachverhalts nur in gerichtlicher Hauptverhandlung möglich erscheint.

---

*) Als Erläuterung zu dieser VO. ist ergangen der Runderl. Nr. 50/39 des RfPr. v. 17. 6. 39 (MittBl. d. RfPr. 1939 Teil II Nr. 15 v. 10. 7. 39 S. 141).

Allgemeines Strafrecht.

§ 1. (1) Wer den Vorschriften oder Anordnungen des Reichskommissars für die Preisbildung oder der von ihm mit der Preisbildung beauftragten Stellen vorsätzlich oder fahrlässig zuwiderhandelt, wird mit Gefängnis und Geldstrafe oder mit einer dieser Strafen bestraft. Das Höchstmaß der Geldstrafe ist unbeschränkt.

(2) Die gleiche Strafe trifft denjenigen, der den Vorschriften oder Anordnungen anderer staatlicher oder staatlich ermächtigter Stellen über Preise, Preisspannen, Zuschläge oder Abschläge, Zahlungsbedingungen, Preisauszeichnungen, Preisbindungen oder andere der Preisbildung oder dem Preisschutz dienende Maßnahmen vorsätzlich oder fahrlässig zuwiderhandelt.

(3) Als Zuwiderhandlung gilt auch jede Handlung, durch die die Vorschriften oder Anordnungen unmittelbar oder mittelbar umgangen werden.

(4) Der Versuch ist strafbar.

(5) Hat der Täter wissentlich und gewissenlos aus grobem Eigennutz gehandelt oder ist er vor Begehung der neuen vorsätzlichen Tat schon einmal wegen vorsätzlichen Vergehens gegen die in den Abs. 1 und 2 bezeichneten Vorschriften rechtskräftig verurteilt worden, so kann an Stelle der Gefängnisstrafe auf Zuchthaus bis zu zehn Jahren erkannt werden.

§ 2. Verletzt dieselbe Handlung die Vorschriften des § 1 und anderer Strafgesetze, so kann auch neben der Freiheitsstrafe aus dem anderen Strafgesetz auf die nach § 1 zulässige Geldstrafe erkannt werden.

§ 3. (1) In dem Urteil kann ohne Rücksicht auf Eigentumsverhältnisse und sonstige Rechte Dritter auf Einziehung der Gegenstände erkannt werden, auf die sich die strafbare Handlung bezieht oder die durch die strafbare Handlung erlangt sind.

(2) Ist der Beschuldigte abwesend oder kann keine bestimmte Person verfolgt oder verurteilt werden, so kann auf Antrag der Staatsanwaltschaft die Einziehung selbständig durch Beschluß des Gerichts ausgesprochen werden. Gegen den Beschluß findet die sofortige Beschwerde nach Maßgabe der Strafprozeßordnung statt.

(3) Die Einziehung unterbleibt, wenn der von ihr Betroffene nachweist, daß er von der Straftat weder Kenntnis hatte noch haben konnte und daß er von der Straftat auch keinen Vorteil gehabt hat. Rechte eines anderen an eingezogenen Gegenständen

bleiben insoweit bestehen, als diese Voraussetzungen in seiner Person vorliegen.

(4) Macht ein anderer als der Beschuldigte an einem der Einziehung unterliegenden Gegenstande Rechte geltend, oder liegen Tatsachen vor, aus denen zu schließen ist, daß solche Rechte bestehen, so soll dem anderen Gelegenheit gegeben werden, nachzuweisen, daß die Voraussetzungen für die Einziehung nicht vorliegen oder ihm Rechte an dem der Einziehung unterliegenden Gegenstande zustehen. Der Nachweis kann bis zum Ausspruch der Einziehung geführt werden. Erfolgt der Nachweis erst nach Erlaß der die Einziehung aussprechenden Entscheidung, so kann das Gericht den Ausspruch über die Einziehung aufheben oder einschränken.

(5) Im übrigen gehen das Eigentum und sonstige Rechte an den eingezogenen Gegenständen mit der Rechtskraft der Entscheidung auf das Reich über.

(6) Für einen Rechtserwerb, der nach der Rechtskraft der Entscheidung eintritt, gelten die Vorschriften des bürgerlichen Rechtes zugunsten derer, die Rechte von einem Nichtberechtigten herleiten[1].

1. Vgl. dazu §§ 185, 892 f., 932 ff., 1032, 1138, 1155, 1207 f., 1244 BGB., § 366 HGB.

§ 4. Das Gericht kann anordnen, daß die Verurteilung auf Kosten des Verurteilten öffentlich bekanntgemacht wird. Die Art der Bekanntmachung sowie die Frist, innerhalb deren sie zu erfolgen hat, sind in dem Urteil zu bestimmen.

§ 5. (1) Die Strafverfolgung tritt nur auf Antrag ein[1]. Der Antrag ist unzulässig, wenn wegen derselben Handlung eine Ordnungsstrafe rechtskräftig festgesetzt worden ist. Der Antrag kann von dem Reichskommissar für die Preisbildung oder den von ihm oder mit seiner Zustimmung hierzu ermächtigten Behörden gestellt werden.

(2) Der Antrag kann zurückgenommen werden.

1. Der Strafantrag muß binnen drei Monaten von erlangter Kenntnis von Tat und Täter gestellt werden (§ 61 StGB.).

§ 6. (1) Örtlich zuständig für den Strafantrag[1] ist die Behörde, in deren Bezirk der Täter seinen Wohnsitz oder in Ermangelung eines Wohnsitzes seinen dauernden Aufenthalt hat.

(2) Ist die Zuwiderhandlung im Geschäftsbetrieb einer Handelsgesellschaft, einer juristischen Person oder sonstigen

Personenvereinigung begangen worden, so ist die Behörde zuständig, in deren Bezirk das Unternehmen seinen Sitz hat. Richtet sich die Strafverfolgung lediglich gegen Leiter oder Angestellte einer Zweigniederlassung oder eines sonstigen Zweigbetriebes, so ist die Behörde zuständig, in deren Bezirk sich die Zweigniederlassung oder der Zweigbetrieb befindet; das gleiche gilt, wenn das Unternehmen seinen Sitz im Ausland hat.

(3) Ist die Zuwiderhandlung bei der Veräußerung oder Verpachtung von Grundstücken oder bei der Vermietung oder Verpachtung von Räumen begangen, so ist die Behörde zuständig, in deren Bezirk die Grundstücke oder Räume gelegen sind.

(4) Bei zusammenhängenden Zuwiderhandlungen, welche einzeln zur Zuständigkeit verschiedener Behörden gehören würden, ist jede dieser Behörden zuständig.

(5) Ist hiernach eine Zuständigkeit nicht oder mehrfach begründet, so ist die Behörde zuständig, die zuerst mit der Sache befaßt worden ist. Sie kann die Sache an die andere zuständige Behörde abgeben, wenn dies zweckmäßig erscheint. In Zweifelsfällen bestimmt die gemeinsame höhere Behörde (Preisüberwachungs- oder Preisbildungsstelle), notfalls der Reichskommissar für die Preisbildung die zuständige Behörde.

1. Eine Zuständigkeit nach dem Tatort ist absichtlich nicht aufgenommen.

§ 7. Die Anklage kann vor den auf Grund der Verordnung der Reichsregierung vom 21. März 1933 (Reichsgesetzbl. I S. 136) errichteten Sondergerichten erhoben werden.

Ordnungsstrafrecht.

Strafmaßnahmen.

§ 8. (1) Bei Zuwiderhandlungen der im § 1 bezeichneten Art können die im § 26 genannten Behörden gegen die schuldigen Personen (Täter und Teilnehmer) Ordnungsstrafen in Geld festsetzen. Wird die Zuwiderhandlung in einem Geschäftsbetrieb[1] begangen, so können außerdem gegen die Inhaber oder Leiter des Geschäftsbetriebes Ordnungsstrafen in Geld festgesetzt werden, wenn sie nicht nachweisen, daß sie die im Verkehr erforderliche Sorgfalt zur Verhütung der strafbaren Handlung angewandt haben.

(2) Ist Inhaber des Geschäftsbetriebes eine Handelsgesellschaft, eine juristische Person oder sonstige Personenvereinigung,

so ist der Nachweis an Stelle des Inhabers von den zur gesetzlichen Vertretung befugten Personen zu führen.

(3) Das Höchstmaß der Geldstrafe ist unbeschränkt[2].

(4) Auf die Einziehung von Gegenständen und die öffentliche Bekanntmachung der Bestrafung finden die Vorschriften der §§ 3 und 4 entsprechende Anwendung.

(5) Die Festsetzung der Ordnungsstrafe ist nur zulässig, wenn ein Strafantrag nach § 5 nicht gestellt oder zurückgenommen worden ist.

(6) In Fällen von geringerer Bedeutung kann statt der Ordnungsstrafe eine schriftliche Verwarnung erteilt werden. Sie ist gebührenpflichtig. Eine Anfechtung findet nicht statt.

1. Wegen Mitteilung von Bestrafungen von Zweigniederlassungen an die Preisüberwachungsstelle des Unternehmens vgl. den Erl. des RfPr. v. 4. 5. 39 (MittBl. d. RfPr. 1939 Teil II S. 97).

2. Über 50 000 RM dürfen nur mit Zustimmung des RfPr. festgesetzt werden (RErl. 50/39 d. RfPr. v. 17. 6. 39, MittBl. d. RfPr. 1939 Teil II S. 141).

§ 9. (1) Verstößt eine nach § 8 strafbare Handlung zugleich gegen andere Vorschriften über Ordnungsstrafen, so erfolgt die Festsetzung von Ordnungsstrafen und Maßnahmen der im § 10 genannten Art nur nach den Vorschriften dieser Verordnung. Dies gilt nicht, wenn die im § 26 bezeichneten Behörden im Einzelfall von der Festsetzung einer Strafe absehen. Erfolgt die Festsetzung der Ordnungsstrafe nach den Vorschriften dieser Verordnung, so bleiben die nach anderen Vorschriften bestehenden Befugnisse anderer Stellen, sonstige nach dieser Verordnung nicht zulässige Maßnahmen zu verhängen, unberührt.

(2) Die zur Festsetzung von Strafmaßnahmen wegen Verletzung anderer Vorschriften zuständigen Stellen haben die im § 26 bezeichneten Behörden über die von ihnen ermittelten Verletzungen dieser Verordnung zu unterrichten.

§ 10. (1) Allein oder neben der Ordnungsstrafe oder einer rechtskräftigen gerichtlichen Bestrafung kann die völlige oder teilweise Schließung des gewerblichen Betriebes des Schuldigen oder des Betriebes, in dem die Zuwiderhandlung begangen worden ist, auf Zeit oder Dauer verfügt oder seine Weiterführung von Auflagen abhängig gemacht werden.

(2) In gleicher Weise kann den schuldigen Personen auf dem Gebiet, auf dem die Zuwiderhandlung erfolgt ist, die Tätigkeit oder Betriebsführung auf Zeit oder Dauer ganz

oder teilweise untersagt oder die weitere Tätigkeit oder Betriebsführung von Auflagen abhängig gemacht werden.

(3) Die Maßnahmen können nach Rechtskraft der Entscheidung auf Kosten der Betroffenen öffentlich bekanntgemacht werden.

§ 11. Ist dem Betroffenen oder seinem Beauftragten für den untersagten Betrieb oder die untersagte Tätigkeit eine behördliche Erlaubnis (Wandergewerbeschein, Legitimationskarte, Konzessionsurkunde oder ein ähnliches Ausweispapier) erteilt, so hat die Betriebsschließung und die Tätigkeitsuntersagung den Verlust oder die Einschränkung der Erlaubnis zur Folge.

Verjährung.

§ 12. Die Vorschriften des Strafgesetzbuches über die Verjährung der Strafverfolgung und Strafvollstreckung von Vergehen finden auf das Ordnungsstrafverfahren sinngemäß mit der Maßgabe Anwendung, daß die Strafverfolgung in drei Jahren und die Strafvollstreckung bei Ordnungsstrafen bis 150 Reichsmark in zwei Jahren, im übrigen in fünf Jahren verjährt. Einer richterlichen Handlung, die die Verjährung unterbricht, stehen entsprechende Handlungen der mit der Preisüberwachung beauftragten Behörden[1] gleich.

1. Krieg[5] zu Dg.

Nichtbeachtung von Strafmaßnahmen.

§ 13. Rechtsgeschäfte, die von den Betroffenen entgegen der Vorschrift des § 10 oder in Umgehung dieser Vorschrift, insbesondere durch vorgeschobene Personen, vorgenommen werden, sind nichtig. Für Verfügungen dieser Art gelten die Vorschriften des bürgerlichen Rechts zugunsten derer, die Rechte von einem Nichtberechtigten herleiten, entsprechend[1]. Im übrigen wirkt die Nichtigkeit nicht zum Nachteil dessen, der die Betriebsschließung oder die Tätigkeitsuntersagung ohne grobe Fahrlässigkeit nicht kannte.

1. Vgl. oben Anm. 1 zu § 3.

§ 14. (1) Wer entgegen einem nach § 10 ausgesprochenen Verbot selbst oder durch eine vorgeschobene Person Geschäfte betreibt oder die ihm untersagte Tätigkeit oder Betriebsführung ausübt, wird mit Gefängnis bis zu zwei Jahren und mit Geldstrafe oder mit einer dieser Strafen bestraft.

(2) Dieselbe Strafe trifft denjenigen, der mit diesen oder für diese Personen ein Geschäft abschließt, obwohl ihm bekannt war, daß ihnen die geschäftliche Tätigkeit oder Betriebsführung untersagt oder das Geschäft geschlossen worden ist.

(3) Neben der Strafe kann auf Einziehung der Gegenstände, auf die sich der unzulässige Betrieb oder die unzulässige Tätigkeit bezieht, und der zur Fortführung des Betriebes oder der Tätigkeit bestimmten oder verwendeten Gegenstände und Einrichtungen erkannt werden, wenn diese Gegenstände dem Täter oder einem Teilnehmer gehören.

(4) Die Vorschriften des § 3 Abs. 2, 5 und 6 finden entsprechende Anwendung.

Ermittlungsverfahren.

§ 15. (1) Die Behörden und Beamten der Polizei haben Verstöße gegen die Preisvorschriften zu erforschen und alle keinen Aufschub gestattenden Anordnungen zu treffen, um die Verdunkelung der Sache zu verhüten.

(2) Sie übersenden ihre Verhandlungen ohne Verzug der für die Anordnung von Ordnungsstrafen zuständigen Behörde.

§ 16. (1) Die mit der Preisüberwachung beauftragten Behörden können von allen öffentlichen Behörden, von Berufsvertretungen sowie natürlichen und juristischen Personen (Auskunftspersonen) Auskünfte verlangen, soweit dies zur Überwachung der Preisgestaltung erforderlich ist. Sie können ferner Ermittlungen jeder Art mit Ausschluß von eidlichen Vernehmungen, Beschlagnahmen und Durchsuchungen entweder selbst vornehmen oder durch die Behörden und Beamten der Polizei vornehmen lassen. Diese sind verpflichtet, dem Ersuchen der mit der Preisüberwachung beauftragten Behörden zu genügen.

(2) Die Gerichte[1] sind gleichfalls zur Amts- und Rechtshilfe verpflichtet.

1. Zu eidlichen Vernehmungen sind allein die Gerichte berufen.

§ 17. (1) Vor der Festsetzung einer Ordnungsstrafe ist der Beschuldigte über die ihm zur Last gelegte Zuwiderhandlung und seine persönlichen Verhältnisse zu vernehmen. Ihm ist Gelegenheit zu geben, die gegen ihn vorliegenden Verdachtsgründe zu beseitigen.

(2) Leistet der Beschuldigte der Vorladung zur Vernehmung keine Folge, so kann die zwangsweise Vorführung angeordnet werden. Sie erfolgt durch die zuständige Polizeibehörde.

§ 18. (1) Über die Vernehmung der Beschuldigten und Zeugen soll eine Niederschrift aufgenommen werden, die vom Untersuchungsführer und, wenn ein Urkundsbeamter zugezogen ist, auch von diesem zu unterschreiben ist. Die Niederschrift soll Ort und Tag der Verhandlung sowie die Namen der mitwirkenden und beteiligten Personen ersehen lassen.

(2) Die Niederschrift ist den Beteiligten, soweit sie davon betroffen werden, zur Genehmigung vorzulesen oder zur eigenen Durchsicht vorzulegen. Die erfolgte Genehmigung ist zu vermerken und die Niederschrift von den Beteiligten entweder zu unterschreiben oder darin anzugeben, weshalb die Unterschrift unterblieben ist.

§ 19. (1) Bei der Vernehmung von Zeugen und Sachverständigen sind die Vorschriften der Strafprozeßordnung über das Aussageverweigerungsrecht sinngemäß anzuwenden.

(2) Auf die Erteilung und Einholung von Auskünften finden die gleichen Vorschriften sinngemäß Anwendung.

(3) Eidliche Vernehmungen von Zeugen und Sachverständigen können durch die zuständigen Amtsgerichte nach den für sie gültigen Strafverfahrensvorschriften vorgenommen werden.

§ 20. (1) Jeder Zeuge hat nach den für die vernehmende Behörde geltenden Vorschriften Anspruch auf eine Entschädigung für notwendige Auslagen und Zeitversäumnisse aus der Staatskasse.

(2) Sachverständigen kann neben dem Ersatz der notwendigen Auslagen eine angemessene Vergütung gewährt werden.

§ 21. (1) Wer Auskunft zu erteilen hat, ist verpflichtet, der ersuchenden Behörde auf Verlangen diejenigen Gegenstände, insbesondere Urkunden und Schriftstücke einschließlich der einschlägigen Stellen seiner Geschäftsbücher, zur Einsicht oder Nachprüfung vorzulegen, die sich auf bestimmt zu bezeichnende Vorgänge beziehen. Unter den gleichen Voraussetzungen hat er Einsicht in Räume und verschlossene Behältnisse zu gewähren, die er dem Zuwiderhandelnden überlassen hat. § 19 Abs. 1 und 2 finden keine Anwendung.

(2) In dringenden Fällen kann die Vorlegung unmittelbar erzwungen werden.

§ 22. (1) Verweigern Zeugen, Sachverständige oder private Auskunftspersonen vor den mit der Preisüberwachung beauftragten Behörden ohne einen nach § 19 Abs. 1 oder 2 zulässigen Grund ihr Zeugnis, das Gutachten oder die verlangte Auskunft oder verweigern sie die im § 21 geregelte Vorlegung oder leisten sie der nach § 24 Abs. 2 Satz 1 zugestellten Ladung nicht Folge, so können der Reichskommissar für die Preisbildung oder die Preisüberwachungsstellen und im Beschwerdeverfahren die Beschwerdebehörden gegen sie Ordnungsstrafen bis zu 100 000 Reichsmark festsetzen. Zugleich können ihnen die durch ihre Weigerung oder ihr Ausbleiben verursachten Kosten auferlegt werden.

(2) Beim Ausbleiben eines Zeugen oder Sachverständigen kann die Vorführung durch die zuständige Polizeibehörde angeordnet werden. Die Polizeibehörde hat dem Ersuchen stattzugeben.

(3) Diese Maßnahmen sind mit der Beschwerde anfechtbar; die Vorschriften der §§ 28 bis 31 und 32 Abs. 2 sind entsprechend anzuwenden.

(4) Entschuldigt ein ausgebliebener Zeuge oder Sachverständiger sich nachträglich genügend, so sind die getroffenen Maßnahmen wiederaufzuheben. Die Einziehung der festgesetzten Ordnungsstrafen und Kosten erfolgt nach § 34 Abs. 1 und 3.

§ 23. (1) Der Sachverständige hat über das, was ihm durch seine Tätigkeit bekannt wird, Verschwiegenheit zu bewahren. Insbesondere ist ihm die unbefugte Verwertung von Betriebs- und Geschäftsgeheimnissen untersagt. Er ist hierauf besonders zu verpflichten.

(2) Zuwiderhandlungen werden mit Gefängnis bis zu zwei Jahren bestraft.

(3) Die Strafverfolgung tritt nur auf Antrag des Verletzten oder der im § 5 bezeichneten Behörden ein.

(4) Die Abs. 2 und 3 finden keine Anwendung, sofern nach anderen Vorschriften eine höhere Strafe verwirkt ist.

Zustellung, Fristen.

§ 24. (1) Strafbescheide sind den Betroffenen zuzustellen.

(2) Auf das Verfahren bei der Zustellung finden die Vorschriften der Zivilprozeßordnung über Zustellungen von Amts wegen mit Ausnahme der §§ 189, 203 bis 207, 210 a und 212 a entsprechende Anwendung. Ist die Zustellung in der vorgeschriebenen Weise nicht ausführbar, so gilt sie als erfolgt, wenn der entscheidende Teil des Strafbescheides im Deutschen Reichs- und Preußischen Staatsanzeiger bekanntgemacht worden ist und seit dem Erscheinen des Blattes zwei Wochen verflossen sind.

(3) Die gebührenpflichtige Verwarnung kann durch eingeschriebenen Brief oder Übergabe an den Beschuldigten gegen Empfangsbekenntnis zugestellt werden.

§ 25. (1) Für die Berechnung der Fristen finden §§ 42 und 43 der Strafprozeßordnung und bei Versäumung einer Frist die §§ 44 bis 47 der Strafprozeßordnung entsprechende Anwendung.

(2) Gegen die Verweigerung der Wiedereinsetzung ist die Beschwerde zulässig; die §§ 28 bis 31 und 32 Abs. 2 sind entsprechend anzuwenden.

Festsetzung der Strafe.

§ 26. (1) Die Festsetzung von Ordnungsstrafen und der übrigen in den §§ 8 und 10 vorgesehenen Maßnahmen erfolgt durch den Reichskommissar für die Preisbildung[1] oder die von ihm oder mit seiner Zustimmung hierzu ermächtigten Behörden.

(2) Das Recht anderer Stellen, wegen Verletzung der im § 1 Abs. 2 bezeichneten Vorschriften und Anordnungen Ordnungsstrafen in Geld zu verhängen oder Maßnahmen nach § 10 anzuordnen, ruht.

(3) Örtlich zuständig sind die Behörden, die nach § 6 für den Strafantrag zuständig sind. Die gebührenpflichtige Verwarnung kann auch von der Behörde erteilt werden, in deren Bezirk sich der Ort der Zuwiderhandlung befindet; § 6 Abs. 5 ist entsprechend anzuwenden.

(4) Ist die Behörde, in deren Bezirk eine Zuwiderhandlung begangen worden ist, für die Festsetzung der Ordnungsstrafe nicht örtlich zuständig, so hat sie die erforderlichen Ermittlungen zu treffen und ihre Vorgänge der zuständigen Behörde weiterzuleiten; sie kann in dringenden Fällen für ihren Bezirk auch vorläufige Maßnahmen nach § 10 treffen.

1. Wegen Ordnungsstrafverfahren gegen Beamte und Angestellte öffentlicher Dienststellen vgl. die Erlasse des RfPr. v. 14. 6. und 13. 9. 39 (MittBl. d. RfPr. 1939 Teil II S. 131, 219).

§ 27. Der Strafbescheid über die Ordnungsstrafe oder die Maßnahmen nach § 8 Abs. 4 und § 10 sind zu begründen. In der Begründung sind die strafbare Handlung, die verletzten Vorschriften, die Beweismittel und die Rechtsmittel anzugeben.

Rechtsmittel.

§ 28. Gegen den Strafbescheid steht den Betroffenen die Beschwerde zu[1]. Dies gilt nicht, wenn der Reichskommissar für die Preisbildung den Strafbescheid selbst erlassen hat.

1. Bis zur Rechtskraft und bis zur Einlegung der Beschwerde kann der Strafbescheid zurückgenommen werden. Nach Einlegung des Rechtsmittels gilt nur § 29 Abs. 2.

§ 29. (1) Die Beschwerde ist innerhalb einer Woche nach der Zustellung des Strafbescheides bei der Behörde, die den Strafbescheid erlassen hat, schriftlich einzureichen oder mündlich zur Niederschrift zu erklären. Durch die Einlegung bei der Beschwerdebehörde wird die Frist gewahrt.

(2) Erachtet die Behörde, deren Bescheid angefochten worden ist, die Beschwerde für begründet, so hat sie ihr abzuhelfen; andernfalls[1] hat sie die Beschwerde an die Beschwerdebehörde weiterzuleiten.

1. Also auch, wenn der Beschwerde nicht voll abgeholfen werden soll.

§ 30. Die Beschwerde hat keine aufschiebende Wirkung; die Beschwerdebehörde kann jedoch anordnen, daß die Vollstreckung des angefochtenen Bescheides auszusetzen ist.

§ 31. (1) Über die Beschwerde entscheidet, wenn sie gegen den Strafbescheid der unteren Verwaltungsbehörde gerichtet ist, die Preisüberwachungsstelle[1], in den übrigen Fällen die Preisbildungsstelle[1]. In Berlin entscheidet statt des Stadtpräsidenten der Polizeipräsident persönlich oder sein allgemeiner Vertreter oder eine vom Polizeipräsidenten einzurichtende Beschwerdestelle.

(2) Der Reichskommissar für die Preisbildung kann durch Verwaltungsanweisung für bestimmte Gebiete die Entscheidung über die Beschwerde an sich ziehen[2].

1. Krieg [5] zu Dg.

2. Bisher nicht geschehen. Der § 31 geht der AnO. v. 12. 12. 36 (Krieg [5] zu Dg) vor. Die Delegationsbefugnis in Ziff. 4 dieser AnO. ist jetzt allgemein zulässig. Erl. des RfPr., betr. Beschwerden gegen Ordnungsstrafen, v. 27. 9. 39 (MittBl. d. RfPr. 1939 Teil II Nr. 21 v. 2. 10. 39 S. 231).

§ 32. (1) Der Strafbescheid kann im Beschwerdeverfahren auch zum Nachteil des Betroffenen geändert werden.

(2) Die Entscheidung der Beschwerdebehörde ist endgültig.

(3) § 27 findet entsprechende Anwendung.

Unterwerfungsverfahren.

§ 33. Räumt der Beschuldigte die Zuwiderhandlung ein, so kann er sich in einer die wesentlichen Tatumstände und verletzten Vorschriften enthaltenden Niederschrift einer zugleich festzusetzenden Ordnungsstrafe unterwerfen. Die Unterwerfung steht der rechtskräftigen Festsetzung einer Ordnungsstrafe gleich[1].

1. Auch das Unterwerfungsverfahren ist kostenpflichtig im Sinne der §§ 36, 37 (Erl. d. RfPr. v. 6. 9. 39, MittBl. d. RfPr. 1939 Teil II Nr. 20 v. 18. 9. 39 S. 219).

Vollstreckung.

§ 34. (1) Die Vollstreckung des Strafbescheides[1] erfolgt mit Ausnahme der im § 10 vorgesehenen Maßnahmen nach den landesrechtlichen Vorschriften im Verwaltungszwangsverfahren.

(2) Die Maßnahmen nach § 10 hat die Behörde durchzuführen, welche die Maßnahmen im ersten Rechtszuge angeordnet hat. Diese Behörde ist auch zuständig für die Bewilligung von Zahlungsfristen und für die Erteilung der Erlaubnis, die Ordnungsstrafe in Teilbeträgen abzutragen. Teilzahlungen werden zunächst auf die Strafe angerechnet.

(3) In den Nachlaß kann nur vollstreckt werden, wenn der Strafbescheid bei Lebzeiten des Bestraften rechtskräftig geworden ist[2].

1. Sie ist auch schon vor Rechtskraft möglich.

2. Das Gnadenrecht übt der RfPr. selbst aus. Bei Ordnungsstrafen bis 200 RM ist es (außer für Berlin) auf die Preisbildungsstellen delegiert, soweit sie nicht auf Beschwerde entschieden haben (RErl. 50/39, vgl. S. 12 Anm. *).

§ 35. (1) Sind Warenvorräte der durch Anordnungen nach § 10 betroffenen Betriebe während der Dauer der Schließung des Betriebes dem Verderb oder einer wesentlichen Wertminderung ausgesetzt, so kann die für die Anordnungen nach § 10 zuständige Behörde die für die rechtzeitige Verwertung der Vorräte notwendigen Maßnahmen treffen. Die Durchführung der Maßnahmen geschieht auf Rechnung und Gefahr des Betriebsinhabers.

(2) Streitigkeiten über die Notwendigkeit oder die Art der Maßnahmen entscheidet unter Ausschluß des Rechtsweges die Behörde, die nach § 31 über Beschwerden gegen die Anordnungen zu entscheiden hat. Hat der Reichskommissar für die Preisbildung die Maßnahmen getroffen, so entscheidet er selbst. Diese Entscheidungen sind endgültig.

Kosten des Verfahrens.

§ 36. Die Kosten des Ordnungsstrafverfahrens sind dem Bestraften aufzuerlegen. Mehrere wegen derselben Zuwiderhandlung Bestrafte haften für die Auslagen als Gesamtschuldner; dies gilt nicht für die durch die Vollstreckung entstandenen Auslagen.

§ 37. (1) Die Gebühr für den Erlaß jedes Strafbescheides beträgt 5 vom Hundert des Betrages der auferlegten Geldstrafe und des Wertes der sonstigen Maßnahmen, mindestens aber eine und höchstens zehntausend Reichsmark. Für eine erfolglose Beschwerde gegen den Strafbescheid wird dieselbe Gebühr erhoben; sie kann jedoch ermäßigt werden, wenn die Beschwerde teilweisen Erfolg hatte. Der Wert der sonstigen Maßnahmen wird nach freiem Ermessen bestimmt.

(2) An Auslagen[1] werden erhoben:

1. telegraphische Gebühren und im Fernverkehr zu entrichtende Fernsprechgebühren,
2. Kosten von Zustellungen und öffentlichen Bekanntmachungen,
3. Entschädigungen, die an Zeugen und Sachverständige gezahlt sind,
4. Reisekosten der Beamten bei Geschäften außerhalb des Dienstsitzes,
5. Auslagen anderer Behörden,
6. Kosten der Erhaltung beschlagnahmter Sachen und der Beförderung von Personen oder Sachen,
7. Haftkosten.

(3) Die Vollstreckungskosten werden nach den landesgesetzlichen Vorschriften erhoben.

(4) Für gebührenpflichtige Verwarnungen beträgt die Gebühr eine Reichsmark. Die Festsetzung erfolgt zugleich mit der Erteilung der Verwarnung und ist nicht anfechtbar. Auslagen werden nicht erhoben.

1. Sie müssen in dem speziellen Verfahren entstanden sein.

Schlußvorschriften.

§ 38. (1) Die Verordnung tritt am 1. Juli 1939 in Kraft.

(2) Zugleich treten die Straf- und Strafverfahrensvorschriften außer Kraft, die der Reichskommissar für die Preisbildung oder die von ihm mit der Preisbildung beauftragten Stellen früher erlassen haben oder die in den im § 1 Abs. 2 erwähnten Vorschriften und Anordnungen enthalten oder im Zusammenhang damit erlassen worden sind. Dies gilt nicht für die Straf- und Strafverfahrensvorschriften, die vom Reichskommissar für die Preisbildung zugleich mit anderen Obersten Reichsbehörden, vom Reichsnährstand, dessen Zusammenschlüssen oder von dem Reichsminister für Ernährung und Landwirtschaft für Verstöße gegen Vorschriften des Reichsnährstandes und seiner Zusammenschlüsse oder von dem Reichsforstmeister auf Grund des Gesetzes über die Marktordnung auf dem Gebiete der Forst- und Holzwirtschaft vom 16. Oktober 1935 (Reichsgesetzbl. I S. 1239)

oder von der Marktvereinigung der deutschen Forst- und Holzwirtschaft erlassen worden sind; diese Straf- und Strafverfahrensvorschriften finden jedoch, soweit die Vorschriften dieser Verordnung gelten, bis auf weiteres keine Anwendung.

(3) Insbesondere treten hiernach außer Kraft:

§§ 13 bis 18 der Verordnung über Preisüberwachung vom 11. Dezember 1934 (Reichsgesetzbl. I S. 1245 — Deutscher Reichsanzeiger und Preuß. Staatsanzeiger Nr. 291)[1],

§§ 4 und 5 der Verordnung über das Verbot von Preiserhöhungen vom 26. November 1936 (Reichsgesetzbl. I S. 955)[2],

die Verordnung über Ordnungsstrafen bei Zuwiderhandlungen gegen Preisschildervorschriften und Preisfestsetzungen vom 8. Januar 1935 (Reichsgesetzbl. I S. 10)[3].

1. Krieg[5] zu De § 4 Anm. 5.
2. Krieg[5] zu De.
3. Krieg[5] zu Ds Nr. 71 Anm. 1.

(Die übrigen Absätze des § 38 und der § 39 sind für das Mietrecht ohne Bedeutung.)

§ 40. Anhängige Beschwerdeverfahren werden nach den bisherigen Vorschriften durchgeführt. Im übrigen gelten vom Inkrafttreten dieser Verordnung an nur die darin vorgesehenen Verfahrensvorschriften.

(§ 41 ist für das alte Reichsgebiet ohne Bedeutung.)

§ 42. Der Reichskommissar für die Preisbildung erläßt im Einvernehmen mit den beteiligten Reichsministern die zur Durchführung oder Ergänzung dieser Verordnung erforderlichen Rechts- und Verwaltungsvorschriften[1].

1. Siehe die Anm. * zum Titel dieser VO. (oben S. 12).

Berlin, den 3. Juni 1939.

Der Reichskommissar für die Preisbildung
Wagner

Der Reichsminister der Justiz
Dr. Gürtner

Der Reichsminister des Innern
Frick

D ll.

Grundsätzliche Entscheidung, betr. Wirksamwerden von Genehmigungen des Reichskommissars für die Preisbildung.

Grunds. Entscheidung des RfPr. vom 20. Juli 1939 (MittBl. d. RfPr. 1939 Teil I Nr. 30 vom 24. Juli 1939 S. 289).

Die von mir bezw. von den von mir beauftragten Stellen oder mit meiner Zustimmung erteilten Genehmigungen werden erst nach Zustellung an den Antragsteller wirksam. Rückwirkungen treten nur dann ein, wenn sie ausnahmsweise besonders angeordnet werden.

D mm.

Grundsätzliche Entscheidung, betr. Angleichung von Gefälligkeitsmieten.

(Zu Ziffer 50 des Runderlasses 184/37.)

Grunds. Entscheidung des RfPr. vom 21. Juli 1939 (MittBl. d. RfPr. 1939 Teil I Nr. 31 vom 31. Juli 1939 S. 309).

Wenn ein Mietzins aus Gründen ermäßigt worden war, die in der Person des bisherigen Mieters lagen (z. B. Verwandtschaft, Krankheit, Erwerbslosigkeit), ist eine nach Fortfall der Ermäßigungsgründe beantragte Wiedererhöhung nicht von dem Nachweis der Unwirtschaftlichkeit des Hauses abhängig. Bei Angleichung derartiger Mieten ist die Entscheidung lediglich auf den Nutzungswert der betreffenden Wohnung abzustellen. Die Vorschriften der Ziffern 51—58 des Runderlasses 184/37 [1] finden in diesen Fällen keine Anwendung.

1. Krieg [5] zu Ds.

D nn.

Runderlaß Nr. 99/39, betr. Verfahren in Mietpreisbildungssachen über Wohnräume im Kriege.

Runderl. des RfPr. vom 27. September 1939 (MittBl. d. RfPr. 1939 Teil I Nr. 41 vom 9. Oktober 1939 S. 448).

An die Stadt- und Landkreise — Preisbehörden —, nachrichtlich den Preisbildungs- und Preisüberwachungsstellen.

Über die bis zum 1. September 1939 eingegangenen Mietzinssenkungs- und -erhöhungsanträge für Wohnräume ist mit möglichster Beschleunigung zu entscheiden. Die Entscheidung kann jedoch ausgesetzt werden, wenn sie zuungunsten einer Partei ausgehen würde, die zum Wehrdienst einberufen ist.

Alle nach dem 1. September 1939 eingegangenen Anträge sind den Antragstellern kurzerhand zurückzugeben. Die Bestimmungen meines Runderlasses Nr. 184/37[1] haben Mietern wie Vermietern ausreichende Gelegenheit gegeben, bei überhöhten oder besonders niedrigen Mieten entsprechende Anträge bei den Preisbehörden zu stellen. Es ist daher nicht zu billigen, wenn Mieter oder Vermieter, die sich bisher mit dem bestehenden Mietzins zufrieden gegeben haben, in dieser Zeit die Unangemessenheit ihres Mietzinses glauben feststellen zu müssen. Zu bearbeiten sind lediglich Mietzinserhöhungsanträge wegen Vornahme baulicher Verbesserungen, die unmittelbar nach erfolgter Wertverbesserung gestellt werden und denen die Einwilligung des Mieters beigefügt ist. Eine weitere Ausnahme ist ferner für solche bei Mieterwechsel gestellte Anträge zu machen, die die Angleichung von Gefälligkeitsmieten im Sinne von Ziffer 50 des Runderlasses Nr. 184/37[1] zum Gegenstand haben. Aufsichtsbeschwerden sind weiterhin zu erledigen.

1. Krieg[5] zu Ds.

D oo.

Runderlaß Nr. 107/39, betr. Geschäftsraummieten im Kriege.

Runderl. des RfPr. vom 12. Oktober 1939 (MittBl. d. RfPr. 1939 Teil II Nr. 22 vom 16. Oktober 1939 S. 248).

An die Preisbehörden bei den Landräten und Oberbürgermeistern, nachrichtlich den Preisbildungs- und Preisüberwachungsstellen.

... Alle Senkungsanträge [für Geschäftsraummieten], die sich auf die durch die Kriegsbewirtschaftung entstandenen Verhältnisse stützen, sind ohne weiteres abzulehnen. ...

Wie die Senkungsanträge, so müssen auch die nach dem Kriegsausbruch gestellten Erhöhungsanträge kurzerhand abgelehnt werden. Eine Ausnahme ist nur da zuzulassen, wo aus ganz besonderen Gründen die Beibehaltung der bisherigen Miete als völlig unzumutbar erscheint. ...

Die vor Beginn des Krieges bei den Preisbehörden eingegangenen Anträge sind mit möglichster Beschleunigung zu erledigen. Die Entscheidung kann jedoch dann ausgesetzt werden, wenn sie zum Nachteil einer zum Kriegsdienst einberufenen Partei ergehen würde.

III.

Wohnungsmangel, Wohnungsrecht.

Fm.

Verordnung über die Neugestaltung der Reichshauptstadt Berlin und der Hauptstadt der Bewegung München.

VO. des RArbMin. vom 8. Februar 1939 (RGBl. I 159 = RArbBl. I Nr. 5 vom 13. Februar 1939 S. 80).

Auf Grund des Gesetzes über die Neugestaltung deutscher Städte vom 4. Oktober 1937 (Reichsgesetzbl. I S. 1054) § 15[1] wird für die Reichshauptstadt Berlin und die Hauptstadt der Bewegung München zur Durchführung und Ergänzung dieses Gesetzes im Einvernehmen mit den beteiligten Reichsministern verordnet:

1. Der angeführte § 15 lautet:

„*Die zur Durchführung und Ergänzung dieses Gesetzes erforderlichen Rechts- und Verwaltungsvorschriften erläßt der Reichsarbeitsminister im Einklang mit den beteiligten Reichsministern.*“

§ 1. (1) Räume, die aus einem Mietverhältnis zwischen einem nichtjüdischen Vermieter und einem Juden frei geworden sind oder frei werden, hat der Vermieter unverzüglich zu melden.

(2) Die Meldung ist in Berlin an den Präsidenten der Durchführungsstelle für die Neugestaltung der Reichshauptstadt, in München an den Oberbürgermeister der Hauptstadt der Bewegung zu erstatten. Sie ist getrennt nach Wohn-, Gewerbe- und Büroräumen auf besonderen Vordrucken vorzunehmen, die bei der Gemeindebehörde (Wohnungsamt) anzufordern sind.

§ 2. (1) Die erstmalige Wiedervermietung der frei gewordenen oder frei werdenden Räume bedarf der Genehmigung. Diese erteilt in Berlin der Präsident der Durchführungsstelle für die Neugestaltung der Reichshauptstadt, in München der Oberbürgermeister der Hauptstadt der Bewegung.

(2) Die Genehmigung ist auch dann erforderlich, wenn durch die Neubesetzung die bisherige Nutzungsart geändert wird.

(3) Die Genehmigung kann auch allgemein für bestimmte Personenkreise oder Gebiete erteilt werden.

(4) Die Gültigkeit von Mietverträgen wird durch den Mangel der vorgeschriebenen Genehmigung nicht berührt.

§ 3. (1) Die Meldung (§ 1) und Genehmigung (§ 2) ist nicht erforderlich bei Räumen,

1. die bei Inkrafttreten dieser Verordnung bereits wiedervermietet waren,
2. die bisher auf Grund eines Untermietverhältnisses überlassen waren,
3. hinsichtlich deren das Mietverhältnis gemäß § 4 oder § 4 a des Mieterschutzgesetzes[1] aufgehoben worden ist,
4. die zur Weiterführung eines bisher jüdischen Gewerbebetriebs dienen, dessen Entjudung in die Wege geleitet ist, sofern die Genehmigung zur Veräußerung nach § 1 der Anordnung auf Grund der Verordnung über die Anmeldung des Vermögens von Juden vom 26. April 1938 (Reichsgesetzbl. I S. 415)[2] bei der zuständigen höheren Verwaltungsbehörde beantragt ist.

(2) Die Ausnahme des Abs. 1 Nr. 4 entfällt, wenn die beantragte Genehmigung rechtskräftig abgelehnt wird.

1. Krieg[5] zu Jc.

2. § 1 der angeführten Anordnung lautet.

„*(1) Die Veräußerung oder die Verpachtung eines gewerblichen, land- oder forstwirtschaftlichen Betriebes sowie die Bestellung eines Nießbrauchs an einem solchen Betrieb bedarf zu ihrer Wirksamkeit der Genehmigung, wenn an dem Rechtsgeschäft ein Jude als Vertragschließender beteiligt ist. Das gleiche gilt für die Verpflichtung zur Vornahme eines solchen Rechtsgeschäfts.*

(2) Wird das Verpflichtungsgeschäft genehmigt, so gilt die Genehmigung auch für das diesem Verpflichtungsgeschäft entsprechende Erfüllungsgeschäft erteilt.“

§ 4. Die Vorschriften der §§ 1 bis 3 gelten bei Pacht- oder sonstigen Raumüberlassungsverhältnissen entsprechend.

§ 5. (1) Wer Jude ist, bestimmt sich nach § 5 der Ersten Verordnung zum Reichsbürgergesetz vom 14. November 1935 (Reichsgesetzbl. I S. 1333)[1].

(2) Im Sinne dieser Verordnung gilt ein Raumüberlassungsvertrag als mit einem Juden abgeschlossen auch dann, wenn er mit der nichtjüdischen Ehefrau eines Juden abgeschlossen war.

(3) Einem Juden steht ein jüdisches Unternehmen im Sinne des Artikels I der Dritten Verordnung zum Reichsbürgergesetz vom 14. Juni 1938 (Reichsgesetzbl. I S. 627) gleich[2].

1. Unten zu Js § 10 Anm. 1.
2. Unten zu Js § 10 Anm. 2.

§ 6. Wer vorsätzlich oder fahrlässig die vorgeschriebene Meldung nicht oder nicht unverzüglich erstattet oder einem anderen den Besitz an Räumen ohne die erforderliche Genehmigung überläßt, wird mit Geldstrafe bestraft.

§ 7. Die zur Durchführung dieser Verordnung notwendigen Anordnungen erlassen in Berlin der Präsident der Durchführungsstelle für die Neugestaltung der Reichshauptstadt, in München der Oberbürgermeister der Hauptstadt der Bewegung.

§ 8. Diese Verordnung tritt mit dem 13. Februar 1939 in Kraft.

Berlin, den 8. Februar 1939.

Der Reichsarbeitsminister
Franz Seldte

Fn.

Achte Verordnung über das Verbot der Umwandlung von Wohnungen in Räume anderer Art.

VO. des RArbMin. vom 20. März 1939 (RArbBl. I 168 = RAnz. Nr. 72 vom 25. März 1939).

Auf Grund des Gesetzes zur Änderung des Reichsmietengesetzes und des Mieterschutzgesetzes vom 18. April 1936 (Reichsgesetzbl. I S. 371), Artikel III[1], wird verordnet:

1. Krieg[5] zu Fa.

§ 1. In folgenden Gemeinden bedarf die Umwandlung von Wohnungen in Räume anderer Art, z. B. in Fabrikräume, Lagerräume, Werkstätten, Diensträume oder Geschäftsräume, der Genehmigung der Gemeinde:

1. Preußen:

Regierungsbezirk Gumbinnen: in den Städten Ebenrode, Insterburg und Schloßberg,

Regierungsbezirk Köslin: in der Stadt Lauenburg (Pommern),

Regierungsbezirk Frankfurt (Oder): in den Städten Crossen (Oder) und Landsberg (Warthe),

Regierungsbezirk Breslau: in den Städten Breslau, Reichenbach (Eulengebirge), Striegau und Waldenburg (Schlesien),

Regierungsbezirk Magdeburg: in der Gemeinde Tangerhütte, Kreis Stendal,

Regierungsbezirk Merseburg: in der Stadt Halle (Saale) und in den Gemeinden Mückenberg, Lauchhammer, Dolsthaida, Bockwitz, Grünewalde und Kleinleipisch,

Regierungsbezirk Erfurt: in der Stadt Erfurt,

Regierungsbezirk Lüneburg: in der Stadt Lüneburg und der Stadt des KdF.-Wagens,

Regierungsbezirk Aurich: in der Stadt Emden,

Regierungsbezirk Arnsberg: in der Stadt Iserlohn,

Regierungsbezirk Kassel: in der Stadt Hersfeld,

Regierungsbezirk Düsseldorf: in der Stadt Düsseldorf,

Regierungsbezirk Köln: in der Stadt Gummersbach,

Regierungsbezirk Aachen: in der Stadt Düren,

2. Bayern: ...
3. Thüringen: ...
4. Bremen: ...

§ 2. Für die Genehmigung gelten folgende Grundsätze:
(1, 2, 3 wörtlich wie Krieg [5] zu Fd.)

4. Die Genehmigung ist zu erteilen, falls der Wohnraum für Zwecke der Wehrmacht oder der Deutschen Polizei in Anspruch genommen werden soll. Das gleiche gilt für eine unvermeidbare Inanspruchnahme von Wohnraum durch die Nationalsozialistische Deutsche Arbeiterpartei einschließlich ihrer Gliederungen, die NS.-Volkswohlfahrt e. V. und die Dienststellen des Reichsarbeitsdienstes sowie bei der Umwandlung von Wohnungen, namentlich Kellerwohnungen, in Luftschutzräume. Dabei ist die Unvermeidbarkeit der Inanspruchnahme zu bescheinigen: für die Nationalsozialistische Deutsche Arbeiterpartei einschließlich ihrer Gliederungen und die NS.-Volkswohlfahrt e. V. von dem Reichsschatzmeister der NSDAP., für die Dienststellen des Reichsarbeitsdienstes von dem Reichs-

arbeitsführer, für Luftschutzräume von dem Reichsminister der Luftfahrt und Oberbefehlshaber der Luftwaffe oder der von ihm bestimmten Stelle.

Berlin, den 20. März 1939.

Der Reichsarbeitsminister.
J. V.: Dr. Krohn.

Fo.

Neunte Verordnung über das Verbot der Umwandlung von Wohnungen in Räume anderer Art.

VO. des RArbMin. vom 29. September 1939 (RAnz. Nr. 232 vom 4. Oktober 1939).

(Einleitung wie oben zu Fn.)

§ 1. In folgenden Gemeinden bedarf die Umwandlung von Wohnungen in Räume anderer Art, z. B. in Fabrikräume, Lagerräume, Werkstätten, Diensträume oder Geschäftsräume, der Genehmigung der Gemeinde:

1. Preußen:
   - Regierungsbezirk Stettin: in der Stadt Greifswald,
   - Regierungsbezirk Köslin: in der Stadt Kolberg,
   - Regierungsbezirk Potsdam: in den Städten Bernau und Velten sowie in der Gemeinde Hennigsdorf,
   - Regierungsbezirk Frankfurt (Oder): in der Stadt Luckau (NL.),
   - Regierungsbezirk Liegnitz: in den Städten Görlitz und Muskau (Kreis Rothenburg, OL.),
   - Regierungsbezirk Oppeln: in den Städten Oppeln, Cosel (Oberschles.) und Kreuzburg sowie in den Gemeinden Bobrek-Karf, Klausberg und Martinau im Landkreise Beuthen und in den Gemeinden Heydebreck, Klodnitz, Mittenbrück, Groß Neukirch, Gnadenfeld, Ehrenforst, Neumannshöh, Kobelwitz und Reinschdorf im Kreise Cosel,
   - Regierungsbezirk Magdeburg: in den Städten Wernigerode, Hornburg, Elbingerode und in der Gemeinde Ilsenburg,
   - Regierungsbezirk Merseburg: in den Städten Querfurt, Mücheln (Geiseltal), Freyburg (Unstrut), Laucha und

Nebra sowie in den Gemeinden Braunsdorf, Roßbach, Neumark, Krumpa und Roßleben im Kreise Querfurt,
Regierungsbezirk Erfurt: in der Stadt Nordhausen,
Regierungsbezirk Stade: in den Städten Cuxhaven und Wesermünde,
Regierungsbezirk Münster: in den Städten Münster i. Westf. und Rheine,
Regierungsbezirk Arnsberg: in der Stadt Plettenberg,
Gebiet des Siedlungsverbands Ruhrkohlenbezirk: in der Stadt Dortmund,
Regierungsbezirk Köln: in der Hansestadt Köln,
Regierungsbezirk Aachen: in der Stadt Jülich.

2. Bayern: ...
3. Braunschweig: ...
4. Thüringen: ...

§ 2. (Wörtlich wie oben zu Fn.)

Berlin, den 29. September 1939.

Der Reichsarbeitsminister
J. V.: Dr. Syrup.

Fp.

Verordnung zur Erleichterung der Wohnungsbeschaffung für kinderreiche Familien.

VO. des RfPr. vom 20. April 1939 (RGBl. I 815, 1038 = MittBl. d. RfPr. 1939 Teil I Nr. 18 vom 2. Mai 1939 S. 163).

Um kinderreichen Familien die Beschaffung preiswerter Wohnungen zu erleichtern, wird auf Grund des Gesetzes zur Durchführung des Vierjahresplans vom 29. Oktober 1936 — Bestellung eines Reichskommissars für die Preisbildung — (Reichsgesetzbl. I S. 927)[1] mit Zustimmung des Beauftragten für den Vierjahresplan folgendes verordnet:

1. Krieg[5] zu Db.

§ 1. Die durch die Vierte Anordnung über die Wahrnehmung der Aufgaben und Befugnisse des Reichskommissars für die Preisbildung vom 27. September 1937 (Deutscher Reichsanzeiger und Preuß. Staatsanzeiger Nr. 238)[1] mit der Preisbildung bei Mieten beauftragten Behörden können bestimmen, daß die Vermieter eine angemessene Zahl von Wohnungen bei Freiwerden an kinderreiche Familien zu vermieten haben[2].

1. Krieg[5] zu Dm.

2. Für Berlin bisher nicht geschehen.

§ 2. Die Auswahl der kinderreichen Familien als Mieter steht dem Vermieter frei. Findet der Vermieter keine kinderreiche Familie, so hat er die frei werdende Wohnung bei der im § 1 genannten Behörde anzumelden. Die Behörde ist befugt, ihm eine geeignete kinderreiche Familie als Mieter zu benennen.

§ 3. Einem Vermieter, der eine Wohnung entgegen den Vorschriften dieser Verordnung oder der zu ihrer Ausführung und Ergänzung erlassenen Vorschriften nicht an eine kinderreiche Familie vermietet, kann die Zahlung eines Geldbetrages bis zur Höhe von 5000 Reichsmark auferlegt werden. Die Beträge sind zur Verbilligung von Neubauwohnungen, die für kinderreiche Familien bestimmt sind, zu verwenden.

§ 4. Der Reichskommissar für die Preisbildung erläßt die zur Durchführung und Ergänzung dieser Verordnung notwendigen Rechts- und Verwaltungsvorschriften[1].

1. Unten zu Fq, Fr.

Berlin, den 20. April 1939.

Der Reichskommissar für die Preisbildung
Wagner

Fq.

Durchführungsverordnung zur Verordnung zur Erleichterung der Wohnungsbeschaffung für kinderreiche Familien.

VO. des RfPr. vom 15. Juni 1939 (RGBl. I 1034 = MittBl. d. RfPr. 1939 Teil I Nr. 26 vom 26. Juni 1939 S. 236).

Auf Grund von § 4 der Verordnung zur Erleichterung der Wohnungsbeschaffung für kinderreiche Familien vom 20. April 1939 (Reichsgesetzbl. I S. 815)[1] wird verordnet:

1. Oben zu Fp.

§ 1. Kinderreich im Sinne der Verordnung ist eine Familie, in deren häuslicher Gemeinschaft mindestens vier Kinder unter achtzehn Jahren leben. Die im § 1 der Verordnung bezeichneten Behörden (Preisbehörden) können anordnen, daß die Verordnung auch auf Familien mit drei Kindern Anwendung findet.

§ 2. (1) Die Vorschriften der Verordnung gelten nicht für Häuser, in denen die Zahl der Kinder im Verhältnis zur Gesamtzahl der Bewohner einen von der Preisbehörde festzusetzenden Hundertsatz erreicht.

(2) Sie finden ferner keine Anwendung auf:

a) Häuser, in denen sich weniger als vier Wohnungen befinden,
b) Wohnungen, die weniger als zwei Zimmer und Küche enthalten,
c) Wohnungen, die nur mit Rücksicht auf ein Dienst- oder Arbeitsverhältnis vermietet oder überlassen werden sollen,
d) Wohnungen, die auf Grund von § 2 der Verordnung über die Neugestaltung der Reichshauptstadt Berlin und der Hauptstadt der Bewegung München vom 8. Februar 1939 (Reichsgesetzbl. I S. 159)[1] oder des § 5 des Gesetzes über Mietverhältnisse mit Juden vom 30. April 1939 (Reichsgesetzbl. I S. 864)[2] nur mit Genehmigung der Gemeindebehörde oder einer anderen Behörde neu vermietet werden dürfen.

(3) Weitere Ausnahmen können von den Preisbehörden angeordnet werden.

1. Oben zu Fm.
2. Unten zu Js.

§ 3. (1) Die im § 2 der Verordnung vorgeschriebene Anmeldung hat innerhalb einer Frist von zwei Wochen zu erfolgen. Die Frist beginnt:

a) bei vermieteten Räumen mit dem Tage der Kündigung oder, falls eine Kündigung nicht erfolgt ist, mit der Beendigung des Mietverhältnisses,
b) bei neu hergestellten oder umgebauten Räumen mit der baupolizeilichen Gebrauchsabnahme oder, falls die Herstellung oder der Umbau der Räume einer baupolizeilichen Abnahme nicht bedarf, mit Eintritt der Bezugsfähigkeit,
c) bei Räumen, die der Eigentümer für eigene Zwecke benutzt, spätestens zwei Wochen vor der beabsichtigten Räumung.

(2) Die Preisbehörde hat die Wohnung durch Aushang oder in anderer Weise öffentlich bekanntzugeben. Kommt inner-

halb einer Frist von zwei Wochen nach der Anmeldung ein Mietvertrag mit einer kinderreichen Familie nicht zustande, so hat der Vermieter dies der Preisbehörde unverzüglich anzuzeigen. Die Preisbehörde kann dem Vermieter in diesem Falle drei geeignete kinderreiche Familien als Mieter benennen.

(3) Der Vermieter behält das Recht, die Wohnung von sich aus an eine kinderreiche Familien zu vermieten; er hat jedoch den Abschluß eines Mietvertrages unverzüglich der Preisbehörde mitzuteilen.

(4) Für die nach den vorstehenden Bestimmungen zu erstattenden Anzeigen kann ein Muster vorgeschrieben werden.

(5) Vorsätzliche und fahrlässige Zuwiderhandlungen gegen die Anzeigevorschriften können mit Ordnungsstrafen bis zu 500 Reichsmark bestraft werden.

§ 4. (1) Macht die Preisbehörde von ihrem Benennungsrecht innerhalb einer Frist von zwei Wochen nach der gemäß § 3 Abs. 2 zu erstattenden Anzeige keinen Gebrauch, so hat sie die Wohnung zur anderweitigen Vermietung freizugeben. Die Preisbehörde kann die Wohnung außerdem jederzeit auf Antrag des Vermieters freigeben.

(2) Die Freigabe kann auch zugunsten eines bestimmten Personenkreises oder eines bestimmten vom Vermieter benannten Mieters erfolgen.

(3) Über die Freigabe ist eine Bescheinigung zu erteilen. Für die Ausstellung der Bescheinigung wird eine Verwaltungsgebühr von 0,50 Reichsmark erhoben.

§ 5. (1) Gegen die Verfügungen der Preisbehörde steht dem Vermieter innerhalb einer Frist von zwei Wochen nach Zustellung die Beschwerde an die Preisüberwachungsstelle — in Berlin an den Stadtpräsidenten der Reichshauptstadt Berlin — zu.

(2) Die Beschwerde ist bei der Preisbehörde einzulegen. Erachtet die Preisbehörde die Beschwerde für begründet, so hat sie ihr abzuhelfen; andernfalls ist die Beschwerde der im Abs. 1 bezeichneten Behörde vorzulegen.

(3) Die Beschwerde hat aufschiebende Wirkung. Die Entscheidung über die Beschwerde ist endgültig. Im Falle der Abweisung der Beschwerde wird eine Verwaltungsgebühr von 20 Reichsmark erhoben.

§ 6. Die Wirksamkeit von Mietverträgen, die entgegen den Bestimmungen der Verordnung sowie der auf Grund der Verordnung erlassenen Vorschriften abgeschlossen werden, bleibt unberührt.

§ 7. Die Beitreibung eines auf Grund von § 3 der Verordnung[1] durch die Preisbehörden festgesetzten Geldbetrages erfolgt im Verwaltungsverfahren.

1. Oben zu Fp.

§ 8. (1) Die auf Grund der Verordnung ergehenden Anordnungen bedürfen der Genehmigung der Preisbildungsstellen.

(2) Aus besonderen Gründen kann von den vorstehenden Bestimmungen mit Zustimmung des Reichskommissars für die Preisbildung abgewichen werden.

(3) In der Ostmark und im Reichsgau Sudetenland treten an die Stelle der im § 1 der Verordnung[1] genannten Behörden die auf Grund der besonderen Vorschriften mit der Mietpreisbildung beauftragten Behörden.

1. Oben zu Fp.

Berlin, den 15. Juni 1939.

Der Reichskommissar für die Preisbildung
Wagner

Fr.

Runderlaß Nr. 53/39, betr. Erleichterung der Wohnungsbeschaffung für kinderreiche Familien.

Runderl. des RfPr. vom 15. Juni 1939 (MittBl. d. RfPr. 1939 Teil I Nr. 26 vom 26. Juni 1939 S. 238).

An die Preisüberwachungsstellen und die Stadt- und Landkreise — Preisbehörden —, nachrichtlich den Preisbildungsstellen.

Die immer wiederkehrenden Klagen, daß kinderreiche Familien bei der Vergebung frei werdender Wohnungen gegenüber kinderlosen Ehepaaren oder alleinstehenden Personen benachteiligt werden und dadurch gezwungen sind, teuere und teilweise wenig geeignete Wohnungen zu mieten, haben mich veranlaßt, am 20. April 1939 eine Verordnung zur Erleichterung der Wohnungsbeschaffung für kinderreiche Familien zu erlassen (Reichsgesetzbl. I S. 815, Mitteilungsbl. I S. 163)[1]. Die zur Durchführung erforderliche Verordnung ist am 15. Juni 1939 ergangen (Reichsgesetzbl. I S. 1034, Mitteilungsbl. I S. 236)[2]. Für die Handhabung der erlassenen Bestimmungen erteile ich folgende Anweisungen:

1. Oben zu Fp.
2. Oben zu Fq.

Zur Hauptverordnung:

(1) Vor Erlaß einer Anordnung ist deren Notwendigkeit sorgfältig zu prüfen. Vor allem in Mittel- und Kleinstädten wird es sich vielfach empfehlen, zunächst noch einmal im Einvernehmen mit der zuständigen Gliederung des Reichsbundes der Haus- und Grundbesitzer den Versuch zu machen, durch einen Appell an die Hauseigentümer etwa bestehende Wohnungsschwierigkeiten für Kinderreiche zu beheben.

(2) Die Bekanntgabe der ergehenden Anordnungen hat in der für die Veröffentlichung von Orts- bzw. Kreissatzungen vorgeschriebenen Form zu erfolgen. Der Tag, an dem die Anordnung in Kraft treten soll, ist genau anzugeben.

(3) Von jeder Anordnung ist mir ein Abdruck zu übersenden.

Zu § 1 DurchfVO.:

(4) Kinder im Sinne des § 1 der Durchführungs-VO. sind auch Adoptiv- und Pflegekinder. Zur häuslichen Gemeinschaft gehören jedoch nicht solche Kinder, die sich überwiegend auswärts befinden.

Zu § 2 Abs. 1 DurchfVO.:

(5) Bei der Festsetzung des Hundertsatzes ist von dem Zahlenverhältnis der Kinder zur Gesamtbevölkerung in derjenigen Gemeinde auszugehen, für die die Anordnung ergehen soll. Personen, die sich in geschlossenen Anstalten befinden (Wehrmacht, Arbeitsdienst usw.), bleiben außer Betracht.

Da nicht alle Wohnungen für kinderreiche Familien geeignet sind, muß der Hundertsatz höher festgesetzt werden, als dem tatsächlichen Zahlenverhältnis entsprechen würde.

(6) Der Anordnung ist eine Tabelle beizufügen, aus der zu ersehen ist, in welchen Fällen die Pflicht zur Vermietung an Kinderreiche besteht.

Beispiel (bei Festsetzung eines Satzes von 35 v. H.):

In jedem Haus müssen

unter	4— 5	Bewohnern	1 Kind,
„	6— 8	„	2 Kinder,
„	9—11	„	3 „ ,
„	12—14	„	4 „

usw. sein.

(7) Untermieter und Hausangestellte gelten nicht als Bewohner im Sinne des § 2 Abs. 1.

(8) Als Haus gilt jedes Gebäude, das eine eigene Hausnummer hat. Mehrere einem Eigentümer gehörige und im baulichen Zusammenhang stehende Gebäude sind wie ein Haus zu behandeln, wenn der Eigentümer es beantragt.

(9) Die Verpflichtung, eine frei werdende Wohnung an Kinderreiche zu vermieten, besteht nicht, falls der Eigentümer die Wohnung selbst bezieht.

Zu § 2 Abs. 2 Ziff. b DurchfVO.:

(10) Als Zimmer gelten nur Räume, die wenigstens 8 qm groß sind.

Zu § 2 Abs. 2 Ziff. c DurchfVO.:

(11) Unter § 2 Abs. 2 Ziffer c fallen alle Wohnungen, über die ein Mietvertrag der in §§ 20—23 a und 32 MSchG.[1] oder der in §§ 4, 5 und 6 der 2. VO. zur Ausführung der Verordnung über Kündigungsschutz vom 31. August 1938 (Reichsgesetzbl. I S. 1070)[2] bezeichneten Art abgeschlossen werden soll.

1. Krieg[5] zu Jc.
2. Krieg[5] zu Jl.

Zu § 2 Abs. 3 DurchfVO.:

(12) § 2 Abs. 3 bietet die Möglichkeit, Hafenviertel oder andere zum Wohnen für kinderreiche Familien nicht geeignete Gemeindebezirke von der Geltung der Verordnung auszunehmen.

Zu § 3 Abs. 1 Ziff. b DurchfVO.:

(13) Bei neu errichteten Häusern braucht der Vermieter nur soviel Wohnungen anzumelden, als notwendig sind, um den vorgeschriebenen Hundertsatz zu erreichen, falls jede der angemeldeten Wohnungen an eine Familie mit 4 bzw. — wenn von der Ermächtigung des § 1 Satz 2 DurchfVO. Gebrauch gemacht ist — 3 Kindern vermietet wird.

Zu § 3 Abs. 2 DurchfVO.:

(14) Für Großstädte kann es sich empfehlen, die für kinderreiche Familien angemeldeten Wohnungen durch einen wöchentlich erscheinenden amtlichen Wohnungsanzeiger bekanntzumachen.

(15) Für Landkreise kann bestimmt werden, daß die in § 3 vorgeschriebenen Anzeigen an die Gemeindebehörden zu richten sind.

(16) Muster für die in § 3 vorgeschriebenen Anzeigen sind im Anschluß an diesen Erlaß abgedruckt. Abweichungen sind zulässig, wenn besondere Gründe dafür vorliegen.

(17) Es dürfen nur bevölkerungspolitisch wertvolle Familien als Mieter benannt werden.

Es ist ferner sorgfältig zu prüfen, ob auch die Sicherheit besteht, daß der zu benennende Mieter auf die Dauer seine vertraglichen Verpflichtungen erfüllen und sich in die Hausgemeinschaft einfügen wird, und ob er seine Kinder entsprechend erzogen hat. Erforderlichenfalls ist eine Auskunft der zuständigen Ortsgruppe der NSV. einzuholen. Familien, die in den letzten zwei Jahren auf Grund von § 2 oder 3 MSchG.[1] zur Räumung verurteilt sind, dürfen nicht als Mieter benannt werden.

1. Krieg[5] zu Jc.

Zu § 3 Abs. 2 Satz 3 DurchfVO.:

(18) Die Benennung einer kinderreichen Familie als Mieter darf nur erfolgen, wenn feststeht, daß diese bereit ist, die Wohnung zu den vom Vermieter gestellten Bedingungen zu mieten. Es wird sich empfehlen, daß die Behörde sich diese Bereitwilligkeit schriftlich bestätigen läßt. Soweit Wohnungen von Wohnungsunternehmen in der Rechtsform eingetragener Genossenschaften satzungsgemäß nur an Mitglieder vergeben werden dürfen, muß der Mieter die Mitgliedschaft erwerben. Der Reichsverband des deutschen gemeinnützigen Wohnungswesens hat seine Mitglieder ersucht, durch Zubilligung von Ratenzahlungen auf die wirtschaftlichen Verhältnisse kinderreicher Familien besondere Rücksicht zu nehmen.

(19) Der Mieter ist darüber aufzuklären, daß die Benennung ihm weder eine bevorzugte Rechtsstellung gegenüber dem Vermieter gibt noch einen besonderen Anspruch auf behördliche Unterstützung, falls er glaubt, seine Verpflichtungen nicht erfüllen zu können. Auch auf die Rechtsfolgen, die sich im Falle einer berechtigten Kündigung auf Grund von Ziffer 17 für ihn ergeben, ist er hinzuweisen.

Zu § 3 Abs. 3 DurchfVO.:

(20) Eine Bestrafung wegen verspäteter Anmeldung einer anbietungspflichtigen Wohnung oder wegen verspäteter Erstattung der Anzeige gemäß § 3 Abs. 3 soll nur in Ausnahmefällen erfolgen.

(21) Für die Erhebung von Ordnungsstrafen sind diejenigen Behörden zuständig, die die Anordnung erlassen haben. Die Beschwerde geht in allen Fällen an die Preisüberwachungsstelle. Im übrigen gelten die Bestimmungen der Verordnung über Strafen und Strafverfahren bei Zuwiderhandlungen gegen Preisvorschriften vom 3. Juni 1939 (Reichsgesetzbl. I S. 999)[1].

1. Oben zu Dkk.

Zu § 4 DurchfVO.:

(22) Bei der Prüfung von Anträgen auf Freigabe einer Wohnung sollen die Preisbehörden nicht kleinlich verfahren. Eine Freigabe soll insbesondere nach Möglichkeit bewilligt werden, wenn die Wohnung an jungverheiratete Eheleute oder junge Ehepaare mit 1 bis 3 Kindern vermietet werden soll, oder wenn sie nur auf Grund eines Wohnungstausches frei wird. Auch Anträgen des Vermieters, die Wohnung zugunsten von Verwandten freizugeben, ist grundsätzlich zu entsprechen. Eine Freigabe soll außerdem erfolgen, wenn bei der Vermietung an eine kinderreiche Familie die nach der Wohnungsordnung[1] zulässige Belegungsgrenze überschritten werden würde oder die Wohnung aus anderen Gründen für die Aufnahme einer kinderreichen Familie nicht geeignet ist.

1. Für Berlin: Krieg[5] zu Ha § 7.

(23) Eine Wohnung ist ohne Einschränkung freizugeben, wenn der Vermieter gegen einen ihm von der Behörde benannten Mieter ein rechtskräftiges Urteil auf Räumung erzielt hat.

Zu § 5 DurchfVO.:

(24) Die Beschwerde gegen die Benennung eines Mieters ist nur zulässig, wenn der Vermieter mit keinem der benannten drei Mieter einen Mietvertrag abschließen will. Über derartige Beschwerden ist, um ein Leerstehen der Wohnung zu vermeiden, mit besonderer Beschleunigung zu entscheiden. Wird der Beschwerde stattgegeben, so ist die Wohnung ohne Einschränkung freizugeben.

(25) Gegen die Ablehnung eines Freigabeantrages ist eine Beschwerde nicht zulässig.

In Vertretung: Dr. Flottmann

Muster I

Eingegangen am ....
Ausgehändigt am ....
Abgenommen am ....

An die Stadtverwaltung — Preisbehörde — in ....

Anmeldung

einer frei werdenden Wohnung zur Vermietung an eine kinderreiche Familie

(Fehlendes ergänzen — Nichtzutreffendes streichen)

Lage des Hauses: ....straße Nr. ....

Lage der Wohnung: Keller-, Erd-, Obergeschoß, Dachgeschoß rechts, links, Vorderhaus, Hinterhaus.

Zahl der Räume: Küche, ... Zimmer, Bad, Ofenheizung, Zentralheizung.

Zubehör: Keller, Bodenkammer, ...

....

Monatliche Miete: .... RM. Schönheitsreparaturen trägt der Vermieter — Mieter. Die Kosten für Wasser und Heizung sind in der Miete — nicht — einbegriffen.

Die Wohnung wird frei am ....

Bewerbungen sind zu richten an ....

(Ort) .... (Datum) ....

....

(Unterschrift des Vermieters)

Muster II

An die Stadtverwaltung — Kreisbehörde — in ....

Mitteilung
über die Vermietung einer Wohnung an eine kinderreiche Familie

(Fehlendes ergänzen — Nichtzutreffendes streichen)

Die am .... angemeldete Wohnung im Hause ....straße Nr. ...., Keller-, Erd-, Obergeschoß, Dachgeschoß, rechts, links, Vorderhaus, Hinterhaus, ist an die Familie .... vermietet worden.

Die Familie besteht aus dem Ehemann, der Ehefrau und .... Kindern unter achtzehn Jahren.

(Ort) .... (Datum) ....

....

(Unterschrift des Vermieters) (Unterschrift des Mieters)

IV.

Mieterschutz.

1. Reichsrecht.

Jp.

Fünfte Verordnung zum Reichsbürgergesetz.

VO. der Reichsregierung vom 27. September 1938 (RGBl. I 1403).

Auf Grund des § 3 des Reichsbürgergesetzes vom 15. September 1935 (Reichsgesetzbl. I S. 1146)[1] wird folgendes verordnet:

1. § 3 des Reichsbürgergesetzes bestimmt:

Der Reichsminister des Innern erläßt im Einvernehmen mit dem Stellvertreter des Führers die zur Durchführung und Ergänzung des Gesetzes erforderlichen Rechts- und Verwaltungsvorschriften.

Artikel I

Ausscheiden der Juden aus der Rechtsanwaltschaft.

§ 1. Juden ist der Beruf des Rechtsanwalts verschlossen. Soweit Juden noch Rechtsanwälte sind, scheiden sie nach Maßgabe der folgenden Vorschriften aus der Rechtsanwaltschaft aus.

a) Im alten Reichsgebiet:

Die Zulassung jüdischer Rechtsanwälte ist zum 30. November 1938 zurückzunehmen.

b) Im Lande Österreich:

. . .

§ 2. (1) Dienstverträge, die ein nach dieser Verordnung aus der Rechtsanwaltschaft ausscheidender Jude als Dienstberechtigter geschlossen hatte, können von beiden Teilen unter Einhaltung einer Frist von drei Monaten zum Ende eines Kalendermonats auch dann gekündigt werden, wenn gesetzlich oder vertraglich eine längere Frist bestimmt oder das Dienstverhältnis für bestimmte Zeit eingegangen war.

(2) Die Kündigung nach Abs. 1 kann erklärt werden

a) im alten Reichsgebiet
nur zum 28. Februar 1939,

b) im Lande Österreich
. . .

(3) Gesetzliche oder vertragliche Bestimmungen über eine kürzere als die im Abs. 1 vorgesehene Kündigungsfrist bleiben unberührt.

§ 3. (1) Wer auf Grund dieser Verordnung aus der Rechtsanwaltschaft ausscheidet, kann ein Mietverhältnis über Räume, die er für sich oder seine Familie gemietet hat, trotz entgegenstehender Vereinbarungen über die Dauer des Mietvertrages oder die Kündigungsfrist mit Einhaltung der gesetzlichen Kündigungsfrist kündigen. Das gleiche gilt für Angestellte (Dienstnehmer) eines Rechtsanwalts, die dadurch stellungslos werden, daß der Rechtsanwalt auf Grund dieser Verordnung aus der Rechtsanwaltschaft ausscheidet.

(2) Eine Kündigung nach Abs. 1 kann durch den Rechtsanwalt

a) im alten Reichsgebiet
nur zu dem ersten Termin erfolgen, zu dem sie nach dem 30. November 1938 zulässig ist,

b) im Lande Österreich
. . .

(3) Der Angestellte (Dienstnehmer) kann eine Kündigung nach Abs. 1 nur zu dem ersten Termin aussprechen, für den die Kündigung nach Beendigung des Dienstverhältnisses zulässig ist.

(4) Im übrigen gelten für die Kündigung

a) im alten Reichsgebiet
die Vorschriften des § 6 des Gesetzes über die Zulassung zur Rechtsanwaltschaft vom 7. April 1933 (Reichsgesetzbl. I S. 188)[1],

b) im Lande Österreich
. . .

sinngemäß.

1. § 6 des Gesetzes über die Zulassung zur Rechtsanwaltschaft lautet:
Ist die Zulassung eines Rechtsanwaltes auf Grund dieses Gesetzes zurückgenommen, so finden auf die Kündigung von Mietverhältnissen über Räume, die der Rechtsanwalt für sich oder seine Familie gemietet hatte, die Vorschriften des Gesetzes über das Kündigungsrecht der durch das Gesetz zur Wieder-

herstellung des Berufsbeamtentums betroffenen Personen vom 7. April 1933 (RGBl. I S. 187)[a] *entsprechende Anwendung. Das gleiche gilt für Angestellte von Rechtsanwälten, die dadurch stellungslos geworden sind, daß die Zulassung des Rechtsanwalts zurückgenommen oder gegen ihn ein Vertretungsverbot gemäß § 4 erlassen ist.*

a. Krieg[5] zu Jn § 7 Anm. 1 S. 305.

(§§ 4 bis 6 für das Mietrecht ohne Bedeutung.)

(Artikel II, III und Artikel IV § 15 bis 18 für das Mietrecht ohne Bedeutung.)

§ 19. Der Reichsminister der Justiz wird ermächtigt, die zur Durchführung und Ergänzung dieser Verordnung erforderlichen Rechts- und Verwaltungsvorschriften zu erlassen[1]. Soweit der Reichsminister der Finanzen beteiligt ist, ergehen sie im Einvernehmen mit diesem.

1. Keine mit Bedeutung für das Mietrecht ergangen.

Berlin, den 27. September 1938.

Der Führer und Reichskanzler
Adolf Hitler
Der Reichsminister der Justiz
Dr. Gürtner
Der Reichsminister des Innern
Frick
Der Stellvertreter des Führers
R. Heß
Der Reichsminister der Finanzen
In Vertretung: Reinhardt

Jq.

Sechste Verordnung zum Reichsbürgergesetz*).

VO. der Reichsregierung vom 31. Oktober 1938 (RGBl. I 1545).

Auf Grund des § 3 des Reichsbürgergesetzes vom 15. September 1935 (Reichsgesetzbl. I S. 1146)[1] wird folgendes verordnet:

1. Oben zu Jp Anm. 1 vor § 1.

*) Betrifft nicht die sudetendeutschen Gebiete.

§ 1. (1) Juden ist der Beruf des Patentanwalts verschlossen.

(2) Jüdische Patentanwälte, die zur Zeit noch in der beim Reichspatentamt geführten Liste oder in dem beim Reichspatentamt, Zweigstelle Österreich, geführten Register eingetragen sind, werden mit Wirkung auf den 30. November 1938 gelöscht.

(§ 2 für das Mietrecht ohne Bedeutung.)

§ 3. (1) Dienstverträge, die ein nach dieser Verordnung aus der Patentanwaltschaft ausscheidender Jude als Dienstberechtigter geschlossen hat, können von beiden Teilen unter Einhaltung einer Frist von drei Monaten zum 28. Februar 1939 auch dann gekündigt werden, wenn gesetzlich oder vertraglich eine längere Frist bestimmt oder das Dienstverhältnis für bestimmte Zeit eingegangen war.

(2) Gesetzliche oder vertragliche Bestimmungen über eine kürzere als die im Abs. 1 vorgesehene Kündigungsfrist bleiben unberührt.

§ 4. (1) Wer auf Grund dieser Verordnung aus der Patentanwaltschaft ausscheidet, kann ein Mietverhältnis über Räume, die er für sich oder seine Familie gemietet hat, trotz entgegenstehender Vereinbarungen über die Dauer des Mietvertrages oder die Kündigungsfrist mit Einhaltung der gesetzlichen Kündigungsfrist zu dem ersten Termin kündigen, zu dem die Kündigung nach dem 30. November 1938 zulässig ist.

(2) Angestellte (Dienstnehmer) eines Patentanwalts, die durch sein Ausscheiden auf Grund dieser Verordnung stellungslos werden, können ein Mietverhältnis über Räume, die sie für sich oder ihre Familie gemietet haben, trotz entgegenstehender Vereinbarungen über die Dauer des Mietvertrages oder die Kündigungsfrist mit Einhaltung einer Frist von vier Wochen zum Monatsende kündigen. Die Kündigung kann nur zu dem ersten Termin erfolgen, zu dem sie nach Beendigung des Dienstverhältnisses zulässig ist.

(3) Im übrigen gelten für die Kündigung

a) im alten Reichsgebiet die Vorschriften des § 6 des Gesetzes über die Zulassung zur Patentanwaltschaft und zur Rechtsanwaltschaft vom 22. April 1933 (Reichsgesetzbl. I S. 217)[1],

b) im Lande Österreich

. . .

sinngemäß.

1. Der § 6 dieses Gesetzes lautet:

Ist ein Patentanwalt auf Grund dieses Gesetzes in der Liste gelöscht worden, so finden auf die Kündigung von Mietverhältnissen über Räume, die der Patentanwalt für sich oder seine Familie gemietet hat, die Vorschriften des Gesetzes über das Kündigungsrecht der durch das Gesetz zur Wiederherstellung des Berufsbeamtentums betroffenen Personen vom 7. April 1933 (RGBl. I S. 187) [a] *entsprechende Anwendung. Das gleiche gilt für Angestellte von Patentanwälten, die dadurch stellungslos geworden sind, daß der Patentanwalt in der Liste gelöscht worden ist.*

a. Krieg [5] zu Jn § 7 Anm. 1 S. 305.

(§ 5 für das Mietrecht ohne Bedeutung.)

§ 6. Die vorstehenden Bestimmungen gelten sinngemäß

1. für die in das Ziviltechnikerregister des Reichspatentamts, Zweigstelle Österreich, eingetragenen jüdischen Ziviltechniker,
2. für die jüdischen Inhaber eines Erlaubnisscheins nach den §§ 56 und 58 des Patentanwaltsgesetzes vom 28. September 1933[1],
3. für Juden, die auf Grund des § 60 des Patentanwaltsgesetzes vom 28. September 1933[1] tätig sind.

1. RGBl. I 669.

(§§ 7 bis 11 für das Mietrecht ohne Bedeutung.)

§ 12. Der Reichsminister der Justiz wird ermächtigt, die zur Durchführung und Ergänzung dieser Verordnung erforderlichen Rechts- und Verwaltungsvorschriften zu erlassen[1].

1. Keine mit Bedeutung für das Mietrecht ergangen.

Berchtesgaden, den 31. Oktober 1938.

Der Führer und Reichskanzler
Adolf Hitler

Der Reichsminister der Justiz
Dr. Gürtner

Der Reichsminister des Innern
Frick

Der Stellvertreter des Führers
R. Heß

Der Reichsminister der Finanzen
Graf Schwerin von Krosigk

Jr.

Achte Verordnung zum Reichsbürgergesetz*).

VO. des RJnnMin. vom 17. Januar 1939 (RGBl. I 47).

Auf Grund des § 3 des Reichsbürgergesetzes vom 15. September 1935 (Reichsgesetzbl. I S. 1146)[1] wird folgendes verordnet:

1. Oben zu Jp Anm. 1 vor § 1.

§ 1. Bestallungen (Approbationen, Diplome) jüdischer Zahnärzte, Tierärzte und Apotheker erlöschen am 31. Januar 1939.

§ 2. (1) Juden ist die Ausübung der Heilkunde einschließlich der Zahnheilkunde und der Tierheilkunde verboten.

(2) Juden, die zu den Hilfskräften in der Gesundheitspflege (§ 1 Abs. 1 des Gesetzes zur Ordnung der Krankenpflege vom 28. September 1938[1] — Reichsgesetzbl. I S. 1309 —) zählen, dürfen ihre Berufstätigkeit nur an Juden oder in jüdischen Anstalten ausüben.

(3) Juden ist die berufsmäßige Ausübung der Tiergesundheitspflege verboten.

1. § 1 Abs. 1 des Gesetzes zur Ordnung der Krankenpflege lautet:

Der Reichsminister des Innern wird ermächtigt, anzuordnen, daß in der Krankenpflege oder als Hilfskräfte in der Gesundheitspflege nur Personen berufsmäßig tätig sein dürfen, die eine Erlaubnis zur Ausübung dieses Berufs haben.

§ 3. (1) Der Reichsminister des Innern oder die von ihm ermächtigte Stelle kann Zahnärzten, deren Approbation auf Grund des § 1 erloschen ist, die Ausübung ihres Berufs widerruflich gestatten. Die Genehmigung kann unter Auflagen erteilt werden.

(2) (Für das alte Reichsgebiet ohne Bedeutung.)

(§§ 4, 5 für das Mietrecht ohne Bedeutung.)

§ 6. Dienstverträge, die ein von § 1 oder § 2 betroffener Jude als Dienstberechtigter geschlossen hat, können von beiden Teilen unter Einhaltung einer Kündigungsfrist von vier Wochen für den 28. Februar 1939 auch dann gekündigt werden, wenn nach den gesetzlichen oder vertraglichen Bestimmungen die Auflösung des Dienstverhältnisses erst zu einem späteren Zeitpunkt zulässig wäre. Gesetzliche oder vertragliche Bestimmungen,

---

*) Betrifft nicht die sudetendeutschen Gebiete.

wonach eine Kündigung des Dienstvertrags schon zu einem früheren Zeitpunkt zulässig ist, bleiben unberührt.

§ 7. (1) Auf die Kündigung von Mietverhältnissen über Räume, die ein durch § 1 oder § 2 betroffener Jude für sich, seine Familie oder seine Berufsausübung gemietet hat, finden die Vorschriften des Gesetzes über das Kündigungsrecht der durch das Gesetz zur Wiederherstellung des Berufsbeamtentums betroffenen Personen vom 7. April 1933 (Reichsgesetzbl. I S. 187)[1], im Lande Österreich . . . entsprechende Anwendung. Die Kündigung muß für den 28. Februar 1939 erfolgen und dem Vermieter spätestens am 31. Januar 1939 zugehen.

(2) Die Vorschriften des Abs. 1 gelten entsprechend für Dienstverpflichtete der von § 1 oder § 2 Betroffenen, wenn sie infolge des Erlöschens der Bestallung oder der Approbation des Dienstberechtigten oder des Verbots der Berufsausübung stellungslos geworden sind.

1. Krieg[5] zu Jn § 7 Anm. 1 S. 305.

§ 8. Die Vorschriften der Vierten Verordnung zum Reichsbürgergesetz vom 25. Juli 1938 (Reichsgesetzbl. I S. 969)[1] bleiben unberührt.

1. Krieg[5] zu Jn.

Berlin, den 17. Januar 1939.

Der Reichsminister des Innern
In Vertretung: Pfundtner
Der Stellvertreter des Führers
R. Heß

Js.

Gesetz über Mietverhältnisse mit Juden.

Vom 30. April 1939 (RGBl. I 864).

Die Reichsregierung hat das folgende Gesetz beschlossen, das hiermit verkündet wird:

Lockerung des Mieterschutzes.

§ 1. Ein Jude kann sich auf den gesetzlichen Mieterschutz nicht berufen, wenn der Vermieter bei der Kündigung durch eine Bescheinigung der Gemeindebehörde nachweist, daß für die Zeit nach der Beendigung des Mietverhältnisses die anderweitige Unterbringung des Mieters sichergestellt ist. Dies gilt nicht, wenn auch der Vermieter Jude ist.

Vorzeitige Kündigung.

§ 2. Ein Mietvertrag kann, wenn nur ein Vertragsteil Jude ist, von dem anderen jederzeit mit der gesetzlichen Frist gekündigt werden, auch wenn der Vertrag auf bestimmte Zeit geschlossen oder eine längere als die gesetzliche Kündigungsfrist vereinbart ist. Der Vermieter kann jedoch für einen früheren als den vertraglich zulässigen Termin nur kündigen, wenn er bei der Kündigung durch eine Bescheinigung der Gemeindebehörde nachweist, daß für die Zeit nach der Beendigung des Mietverhältnisses die anderweitige Unterbringung des Mieters sichergestellt ist.

Untermieter.

§ 3. Juden dürfen Untermietverträge nur mit Juden abschließen. Die Erlaubnis des Vermieters ist nicht erforderlich, wenn dieser auch Jude ist.

Unterbringung.

§ 4. (1) Ein Jude hat in Wohnräumen, die er als Eigentümer oder auf Grund eines Nutzungsrechts innehat oder die er von einem Juden gemietet hat, auf Verlangen der Gemeindebehörde Juden als Mieter oder Untermieter aufzunehmen. Wird der Abschluß eines entsprechenden Vertrags verweigert, so kann die Gemeindebehörde bestimmen, daß ein Vertrag mit dem von ihr festgesetzten Inhalt als vereinbart gilt. Die Höhe der Vergütung für die Überlassung der Räume und eines etwaigen Untermietzuschlags bestimmt die Gemeindebehörde, sofern sie nicht selbst Preisbehörde ist, im Einvernehmen mit der zuständigen Preisbehörde.

(2) Für die Festsetzung von Mietverträgen und Untermietverträgen kann die Gemeinde Gebühren erheben.

(3) Ein nach Abs. 1 begründetes Miet- oder Untermietverhältnis darf der Vermieter oder Untervermieter nur mit Genehmigung der Gemeindebehörde kündigen.

Neuvermietung.

§ 5. Juden dürfen leerstehende oder frei werdende Räume nur mit Genehmigung der Gemeindebehörde neu vermieten. Die Vorschriften des § 4 finden auf diese Räume entsprechend Anwendung.

Einfluß des Wegfalls der Verwaltungsbefugnis.

§ 6. Soweit die Anwendung der §§ 1 bis 5 davon abhängt, daß der Vermieter Jude ist, gilt der Grundstückseigentümer oder der Nutzungsberechtigte auch dann als Vermieter, wenn er infolge des Wegfalls seiner Verwaltungsbefugnis den Mietvertrag nicht selbst abgeschlossen hat oder abschließen kann.

Mischehen.

§ 7. Hängt die Anwendung dieses Gesetzes davon ab, daß der Vermieter oder der Mieter Jude ist, so gilt für den Fall einer Mischehe des Vermieters oder Mieters folgendes:

1. Die Vorschriften sind nicht anzuwenden, wenn die Frau Jüdin ist. Das gleiche gilt, wenn Abkömmlinge aus der Ehe vorhanden sind, auch wenn die Ehe nicht mehr besteht.
2. Ist der Mann Jude und sind Abkömmlinge aus der Ehe nicht vorhanden, so sind die Vorschriften ohne Rücksicht darauf anzuwenden, ob der Mann oder die Frau Vermieter oder Mieter ist.
3. Abkömmlinge, die als Juden gelten, bleiben außer Betracht.

Wechsel des Verfügungsrechts.

§ 8. (1) Geht das Verfügungsrecht (Eigentum oder Nutzungsrecht) über ein Grundstück nach Inkrafttreten dieses Gesetzes von einem Juden auf einen Nichtjuden über, so bleiben die Vorschriften dieses Gesetzes in gleicher Weise wie vor dem Übergang anwendbar, jedoch ist eine vorzeitige Kündigung (§ 2) ausgeschlossen. Dies gilt auch bei einem weiteren Wechsel des Verfügungsrechts.

(2) Die Vorschrift des Abs. 1 erstreckt sich nicht auf Räume, die der Verfügungsberechtigte selbst benutzen will oder auf deren Inanspruchnahme die Gemeindebehörde verzichtet hat. Zum Nachweis des Verzichts genügt eine Bescheinigung der Gemeindebehörde.

Räumungsfrist.

§ 9. (1) Wird ein Jude auf Grund der Vorschriften dieses Gesetzes zur Räumung verurteilt, so darf ihm eine Räumungsfrist nur dann bewilligt werden, wenn er durch eine Bescheinigung der Gemeindebehörde nachweist, daß seiner anderweitigen Unterbringung Hindernisse entgegenstehen, oder wenn die sofortige Räumung ohne ernstliche Schädigung der Gesundheit eines Betroffenen nicht durchführbar ist. Die Räumungsfrist kann unter den gleichen Voraussetzungen verlängert werden.

(2) Die Vorschrift im Abs. 1 ist, soweit der Räumungspflichtige nicht selbst gekündigt hat, entsprechend anzuwenden, wenn die Verpflichtung zur Räumung nicht durch Urteil ausgesprochen ist oder die Voraussetzungen für die Bewilligung einer Räumungsfrist erst nach der Verkündung des Urteils eintreten. Über die Bewilligung der Frist entscheidet auf Antrag des Räumungspflichtigen das für die Räumungsklage zuständige Amtsgericht. Wird eine Frist bewilligt und liegt ein vollstreckbares Räumungsurteil nicht vor, so ist in der Entscheidung zugleich auszusprechen, daß die Räume nach Ablauf der Frist herauszugeben sind; diese Entscheidung steht einem vollstreckbaren Räumungsurteil gleich.

(3) Gegen die Entscheidung, durch die die Bewilligung einer Räumungsfrist abgelehnt wird, findet die sofortige Beschwerde auch dann statt, wenn ein Urteil nur wegen Versagung der Räumungsfrist angefochten wird.

(4) Bis zur Herausgabe der Räume haben die bisherigen Vertragsteile die gleichen Rechte und Pflichten wie vor der Beendigung des Mietverhältnisses.

(5) Im Verfahren gemäß Abs. 2 werden die gleichen Gerichts- und Rechtsanwaltsgebühren erhoben wie im Verfahren über Anträge auf vorläufige Einstellung der Zwangsvollstreckung. Für die Bemessung des Streitwerts gilt § 10 Abs. 1 des Gerichtskostengesetzes[1] entsprechend.

1. Krieg [5] zu Ma.

Begriffsbestimmung.

§ 10. (1) Wer Jude ist, bestimmt sich nach § 5 der Ersten Verordnung zum Reichsbürgergesetz vom 14. November 1935 (Reichsgesetzbl. I S. 1333)[1].

(2) Einem Juden steht außer bei der Anwendung des § 9 ein jüdisches Unternehmen im Sinne des Artikels I der Dritten Verordnung zum Reichsbürgergesetz vom 14. Juni 1938 (Reichsgesetzbl. I S. 627)[2] gleich. Als Wechsel des Verfügungsrechts im Sinne des § 8 ist auch der Wegfall der Voraussetzungen anzusehen, unter denen ein Unternehmen als jüdisch gilt.

1. Der angezogene § 5 lautet:

(1) Jude ist, wer von mindestens drei der Rasse nach volljüdischen Großeltern abstammt. § 2 Abs. 2 Satz 2[a] findet Anwendung.

(2) Als Jude gilt auch der von zwei volljüdischen Großeltern abstammende staatsangehörige jüdische Mischling,

a) der beim Erlaß des Gesetzes der jüdischen Religionsgemeinschaft angehört hat oder danach in sie aufgenommen wird,

b) der beim Erlaß des Gesetzes mit einem Juden verheiratet war oder sich danach mit einem solchen verheiratet,

c) der aus einer Ehe mit einem Juden im Sinne des Absatzes 1 stammt, die nach dem Inkrafttreten des Gesetzes zum Schutze des deutschen Blutes und der deutschen Ehre vom 15. September 1935 (Reichsgesetzbl. I S. 1146) geschlossen ist,

d) der aus dem außerehelichen Verkehr mit einem Juden im Sinne des Absatzes 1 stammt und nach dem 31. Juli 1936 außerehelich geboren wird.

a. § 2 Abs. 2 Satz 2 lautet:

Als volljüdisch gilt ein Großelternteil ohne weiteres, wenn er der jüdischen Religionsgemeinschaft angehört hat.

2. Der angezogene Artikel I lautet:

§ 1. (1) Ein Gewerbebetrieb gilt als jüdisch, wenn der Inhaber Jude (§ 5 der Ersten Verordnung zum Reichsbürgergesetz vom 14. November 1935 — Reichsgesetzbl. I S. 1333 —)[a] *ist.*

(2) Der Gewerbebetrieb einer offenen Handelsgesellschaft oder einer Kommanditgesellschaft gilt als jüdisch, wenn ein oder mehrere persönlich haftende Gesellschafter Juden sind.

(3) Der Gewerbebetrieb einer juristischen Person gilt als jüdisch,

a) wenn eine oder mehrere von den zur gesetzlichen Vertretung berufenen Personen oder eines oder mehrere von den Mitgliedern des Aufsichtsrats Juden sind,

b) wenn Juden nach Kapital oder Stimmrecht entscheidend beteiligt sind. Entscheidende Beteiligung nach Kapital ist gegeben, wenn mehr als ein Viertel des Kapitals Juden gehört; entscheidende Beteiligung nach Stimmrecht ist gegeben, wenn die Stimmen der Juden die Hälfte der Gesamtstimmenzahl erreichen.

(4) Die Vorschriften des Abs. 3 gelten entsprechend für bergrechtliche Gesellschaften, die keine Rechtsfähigkeit besitzen.

a. Vgl. oben Anm. 1.

§ 2. Wenn bei einer Aktiengesellschaft oder Kommanditgesellschaft auf Aktien am 1. Januar 1938 kein Mitglied des Vorstands oder des Aufsichtsrats Jude war, so wird vermutet, daß Juden nach Kapital oder Stimmrecht nicht entscheidend beteiligt (§ 1 Abs. 3 Buchstabe b) sind. Die gegenteilige Vermutung gilt, wenn an dem genannten Tage ein oder mehrere Mitglieder des Vorstands oder des Aufsichtsrats Juden waren.

§ 3. Ein Gewerbebetrieb gilt auch dann als jüdisch, wenn er tatsächlich unter dem beherrschenden Einfluß von Juden steht.

§ 4. (1) Die Zweigniederlassung eines jüdischen Gewerbebetriebs gilt als jüdischer Gewerbebetrieb.

(2) Die Zweigniederlassung eines nichtjüdischen Gewerbebetriebs gilt als jüdischer Gewerbebetrieb, wenn der Leiter oder einer von mehreren Leitern der Zweigniederlassung Jude ist.

§ 5. Der Reichswirtschaftsminister kann mit Wirkung bis 1. April 1940 von der Vorschrift des § 1 Abs. 3 Buchstabe a Ausnahmen bewilligen.

§ 6. Die Vorschriften der §§ 1, 3 und 4 finden auf Vereine, Stiftungen, Anstalten und sonstige Unternehmen, die nicht Gewerbebetriebe sind, entsprechende Anwendung.

Behandlung anhängiger Mietaufhebungsklagen.

§ 11. (1) Ist beim Inkrafttreten dieses Gesetzes gegen einen Juden oder den Ehegatten eines Juden ein Mietaufhebungsstreit anhängig, so hat das Gericht auf Antrag des Klägers das Verfahren auszusetzen, um ihm die Kündigung nach den Vorschriften dieses Gesetzes zu ermöglichen. Kündigt der Kläger das Mietverhältnis, so kann er die Aufnahme des Verfahrens beantragen und von der Aufhebungsklage zur Räumungsklage übergehen. Erledigt sich der Rechtsstreit dadurch, daß der Mieter auszieht oder den Räumungsanspruch anerkennt, so sind die durch den Aufhebungsstreit entstandenen Gerichtskosten niederzuschlagen; die außergerichtlichen Kosten hat der Mieter zu tragen.

(2) Nimmt der Kläger die Aufhebungsklage zurück, so sind die Gerichtskosten niederzuschlagen und die außergerichtlichen Kosten gegeneinander aufzuheben.

Allgemeine Anmeldepflicht.

§ 12. (1) Die Gemeindebehörde kann Anordnungen über die Anmeldung von Räumen erlassen, die an Juden vermietet sind oder die für die Unterbringung von Juden nach den Vorschriften dieses Gesetzes in Anspruch genommen werden können[1].

(2) Wer vorsätzlich oder fahrlässig die vorgeschriebene Anmeldung nicht oder nicht rechtzeitig bewirkt, wird mit Geldstrafe bis zu 150 Reichsmark oder mit Haft bestraft.

1. Für Berlin unten zu Lb.

Ausschluß von Ersatzansprüchen.

§ 13. Aus Anordnungen der Gemeindebehörde, die auf den Vorschriften dieses Gesetzes beruhen, können Ersatzansprüche gegen die Gemeinde nicht hergeleitet werden.

Vorbehalt, Ermächtigung.

§ 14. (1) Die Inkraftsetzung dieses Gesetzes im Lande Österreich und in den sudetendeutschen Gebieten bleibt vorbehalten.

(2) Der Reichsminister der Justiz und der Reichsarbeitsminister werden ermächtigt, im Einvernehmen mit dem Reichs-

minister des Innern Vorschriften zur Durchführung und Ergänzung dieses Gesetzes[1] sowie zur Einführung entsprechender Bestimmungen im Lande Österreich und in den sudetendeutschen Gebieten zu erlassen[2].

1. Nicht ergangen.

2. Österreich: VO. v. 10. 5. 39 (RGBl. I 906); Sudetenland: VO. v. 10. 5. 39 (RGBl. I 907).

Berlin, den 30. April 1939.

Der Führer und Reichskanzler
Adolf Hitler
Der Reichsminister der Justiz
Dr. Gürtner
Der Reichsarbeitsminister
In Vertretung: Dr. Krohn
Der Stellvertreter des Führers
R. Heß
Der Reichsminister des Innern
Frick

Jt.

Verordnung über Maßnahmen der Preisbehörden bei Kündigungen von Miet- und Pachtverhältnissen*).

VO. des RfPr. vom 19. April 1939 (RGBl. I 799 = RArbBl. I 201 = MittBl. d. RfPr. 1939 Teil I Nr. 18 vom 2. Mai 1939 S. 164).

In Kraft seit 21. 4. 39.

[1] Zum Schutze der Mieter gegen eine Belastung durch unverschuldete Kündigungen wird in Ergänzung der Verordnung über das Verbot von Preiserhöhungen vom 26. November 1936 (Reichsgesetzbl. I S. 955)[2] auf Grund des Gesetzes zur Durchführung des Vierjahresplans — Bestellung eines Reichskommissars für die Preisbildung — vom 29. Oktober 1936 (Reichsgesetzbl. I S. 927)[3] mit Zustimmung des Beauftragten für den Vierjahresplan folgendes verordnet:

*) Betrifft nicht das Land Österreich und die sudetendeutschen Gebiete.

1. Diese sog. **„Kündigungsschutzverordnung"** nebst ihrer DurchfVO. (unten zu Ju) und dem zugehörigen Runderl. Nr. 66/39 (unten zu Jv) sind durch § 8 Abs. 3 VO. v. 5. 9. 39 (unten zu Jw) **bis auf weiteres außer Kraft gesetzt,** soweit es sich nicht um die Beendigung von Verfahren handelt, bei denen die Kündigung für einen vor dem 1. 9. 39 liegenden Zeitpunkt ausgesprochen ist. Von Erläuterung der VO. ist deshalb abgesehen.

2. Krieg [5] zu De.

3. Krieg [5] zu Db.

§ 1. Der Mieter kann der Kündigung eines Mietverhältnisses über Wohn- und Geschäftsräume widersprechen, wenn er zu der Kündigung keinen Anlaß gegeben hat und diese für ihn eine nicht unerhebliche wirtschaftliche Belastung mit sich bringen würde.

§ 2. Der Widerspruch muß innerhalb von zwei Wochen nach Empfang der Kündigung dem Vermieter gegenüber schriftlich erklärt werden.

§ 3. (1) Der Vermieter hat dem Mieter innerhalb von zwei Wochen zu erklären, ob er die Kündigung zurücknimmt. Gibt er keine Erklärung ab, gilt die Kündigung als zurückgenommen.

(2) Will der Vermieter die Kündigung aufrechterhalten, hat er innerhalb der im Abs. 1 bezeichneten Frist eine Entscheidung der Preisbehörde [1] über den Widerspruch des Mieters zu beantragen.

1. Wer „Preisbehörde" ist, sagt § 8.

§ 4. Ist der Widerspruch begründet, hat die Preisbehörde die Kündigung für unwirksam zu erklären. Die Preisbehörde soll jedoch hiervon absehen, wenn sich der Vermieter verpflichtet, den Mieter für die ihm durch den Umzug entstehenden Kosten und wirtschaftlichen Nachteile angemessen zu entschädigen und ihm notwendigenfalls eine Räumungsfrist zuzubilligen.

§ 5. Die Vorschriften der §§ 1 bis 4 gelten auch, wenn in einem auf bestimmte Zeit abgeschlossenen Mietvertrage vereinbart ist, daß sich das Mietverhältnis auf bestimmte oder unbestimmte Zeit verlängert, falls es nicht vor seinem Ablauf gekündigt wird.

§ 6. (1) Ist ein Mietvertrag ohne eine Vereinbarung der im § 5 bezeichneten Art auf bestimmte Zeit geschlossen und lehnt es der Vermieter auf einen spätestens drei Monate vor Ablauf des Vertrags gestellten Antrag ab, das Mietverhältnis zu verlängern, so kann der Mieter der Nichtverlängerung widersprechen.

(2) Die Vorschriften der §§ 1 bis 4 finden sinngemäß Anwendung mit der Maßgabe, daß die Preisbehörde, wenn der

Widerspruch begründet ist, das Mietverhältnis auf unbestimmte Zeit verlängern kann.

§ 7. Die vorstehenden Bestimmungen gelten auch für Pachtverträge über Geschäftsräume.

§ 8. (1) Für Entscheidungen gemäß §§ 1 bis 7 sind ausschließlich die durch die Vierte Anordnung über die Wahrnehmung der Aufgaben und Befugnisse des Reichskommissars für die Preisbildung vom 27. September 1937 (Deutscher Reichsanzeiger und Preuß. Staatsanzeiger Nr. 238 vom 15. Oktober 1937)[1] bestimmten Behörden (Preisbehörden) zuständig.

(2) Die Entscheidungen der Preisbehörden sind für die Verwaltungsbehörden und die Gerichte bindend.

1. Krieg [5] zu Dm.

§ 9. Für Mietverhältnisse, die den Vorschriften des 1. Abschnitts des Mieterschutzgesetzes unterliegen, gelten die Vorschriften dieser Verordnung nicht.

§ 10. (1) Diese Verordnung tritt mit dem auf die Verkündung folgenden Tage[1] in Kraft.

(2) Soweit auf Grund der bisherigen Bestimmungen die Kündigung eines Miet- oder Pachtverhältnisses von der Preisbehörde genehmigt oder für nicht genehmigungspflichtig erklärt worden ist, kann ein Widerspruch auf Grund dieser Verordnung nicht mehr erhoben werden.

(3) Hat ein Vermieter bei Inkrafttreten dieser Verordnung einen Antrag auf Genehmigung einer Kündigung bereits gestellt, so ist hierüber unter sinngemäßer Anwendung der §§ 1 und 4 zu entscheiden.

1. Die die VO. enthaltende Nr. 75 des RGBl. ist am 20. 4. 39 ausgegeben.

§ 11. Der Reichskommissar für die Preisbildung erläßt die zur Durchführung und Ergänzung dieser Verordnung erforderlichen Rechts- und Verwaltungsvorschriften[1]. Er kann dabei für Untermietverhältnisse eine besondere Regelung vorschreiben[2].

1. Unten zu Ju, Jv.
2. Vgl. DurchfVO. § 13 (unten zu Ju).

Berlin, den 19. April 1939.

Der Reichskommissar für die Preisbildung
Wagner

Ju.

Durchführungsverordnung zur Verordnung über Maßnahmen der Preisbehörden bei Kündigungen von Miet- und Pachtverhältnissen*).

VO. des RfPr. vom 24. Juni 1939 (RGBl. I 1091 = MittBl. d. RfPr. 1939 Teil I Nr. 29 vom 17. Juli 1939 S. 269).

In Kraft seit 7. 7. 39.

[1] Auf Grund von § 11 der Verordnung über Maßnahmen der Preisbehörden bei Kündigungen von Miet- und Pachtverhältnissen vom 19. April 1939 (Reichsgesetzbl. I S. 799)[2] wird verordnet[3]:

1. Diese DurchfVO. ist zur Zeit **außer Kraft gesetzt.** Vgl. Anm. 1 vor § 1 VO. v. 19. 4. 39 (oben zu Jt).
2. Oben zu Jt.
3. Nähere Ausgestaltung dieser DurchfVO. im Runderl. 66/39 (unten zu Jv).

Kündigungsschutz.

§ 1. (1) Als Miet- und Pachtverhältnisse im Sinne der Verordnung vom 19. April 1939 (Kündigungsschutzverordnung)[1] gelten alle Vertragsverhältnisse, bei denen Räume gegen ein Entgelt zum Gebrauch oder zur Nutzung überlassen werden.

(2) Die Kündigungsschutzverordnung[1] findet auch auf die Vermietung oder Verpachtung gewerblich genutzter, unbebauter Grundstücke Anwendung. Sie gilt ferner für die Vermietung oder Verpachtung von Garagen[2].

1. Oben zu Jt.
2. Krieg[5] zu Dr.

§ 2. Die Kündigungsschutzverordnung gilt außer in den im § 9 der Verordnung bestimmten Fällen nicht für Mietverhältnisse,

1. die gekündigt worden sind, weil das Mietgrundstück für die Durchführung städtebaulicher Maßnahmen im Sinne des Gesetzes über die Neugestaltung deutscher Städte vom 4. Oktober 1937 (Reichsgesetzbl. I S. 1054) unmittelbar benötigt wird,
2. für die die §§ 1 bis 6 der Zweiten Verordnung zur Ausführung der Verordnung über Kündigungsschutz für Miet-

*) Betrifft nicht die Ostmark und den Reichsgau Sudetenland.

und Pachtverhältnisse vom 31. August 1938 (Reichsgesetzbl. I S. 1070)[1] gelten,

3. bei denen ein Mieter Jude ist. Wer Jude ist, bestimmt sich nach den §§ 7 und 10 des Gesetzes über Mietverhältnisse mit Juden vom 30. April 1939 (Reichsgesetzbl. I S. 864)[2].

1. Krieg[5] zu Jl.
2. Oben zu Js.

§ 3. (1) Die Kündigung eines Mietverhältnisses, für das die Kündigungsschutzverordnung gilt, kann vom Vermieter nur durch eingeschriebenen Brief erklärt werden. Das gleiche gilt für den Widerspruch des Mieters und die Zurückweisung des Widerspruchs durch den Vermieter. Es bedarf dieser Form nicht, wenn der Empfänger der Erklärung eine mit dem Datum des Zugangs versehene Empfangsbescheinigung ausstellt.

(2) Die durch eingeschriebenen Brief übersandte Erklärung gilt am dritten Tage nach Aufgabe zur Post als zugegangen, es sei denn, daß der Empfänger nachweist, daß ihm die Erklärung nicht innerhalb dieser Zeit zugegangen ist.

(3) Die Kündigung, der Widerspruch und die Zurückweisung des Widerspruchs und der Antrag bei der Preisbehörde sollen begründet werden.

§ 4. (1) Die Preisbehörde prüft vorab, ob das Verfahren zulässig ist, ob die Kündigung gültig ist und ob die Parteien die erforderlichen Formen und Fristen gewahrt haben.

(2) Ist das Verfahren nicht zulässig oder die Kündigung ungültig oder hat der Vermieter eine Form oder Frist verletzt, so wird sein Antrag als unzulässig zurückgewiesen. Das gleiche gilt für den Mieter, wenn er den Widerspruch nicht form- und fristgerecht erhoben hat.

(3) Die Preisbehörde kann das Verfahren aussetzen und dem Vermieter eine Frist zur Erhebung einer Feststellungsklage vor dem ordentlichen Gericht setzen, wenn die Gültigkeit der Kündigung streitig ist. Die Entscheidung des Gerichts ist für die Preisbehörde bindend.

§ 5. (1) Liegen die Voraussetzungen des § 4 Abs. 1 vor, so hat die Preisbehörde festzustellen, ob der Mieter dem Vermieter zu der Kündigung Anlaß gegeben hat. Ist das der Fall, so ist der Widerspruch des Mieters als unbegründet zurückzuweisen.

(2) Ein Anlaß zur Kündigung liegt vor, wenn der Mieter seine Vertragspflichten derart verletzt oder die Hausgemeinschaft

derart gestört hat, daß dem Vermieter die Fortsetzung des Mietverhältnisses nicht zuzumuten ist. Ein Verhalten des Mieters, das den Vermieter berechtigen würde, fristlos zu kündigen oder die Aufhebung des Mietverhältnisses nach §§ 2, 3 des Mieterschutzgesetzes[1] oder § 4 der Ersten Verordnung zur Ausführung der Verordnung über Kündigungsschutz für Miet- und Pachtverhältnisse vom 4. Dezember 1937 (Reichsgesetzbl. I S. 1325)[2] zu verlangen, gilt stets als Anlaß zur Kündigung.

1. Krieg[5] zu Jc.
2. Krieg[5] zu Jk.

§ 6. Hat der Mieter zu der Kündigung keinen Anlaß gegeben, so ist diese für unwirksam zu erklären,

1. wenn der Vermieter die Kündigung in der Absicht ausgesprochen hat, den Mieter zu einer unzulässigen Erhöhung des Mietzinses zu zwingen oder die Räume anderweit zu einem unzulässig hohen Mietzins zu vermieten, oder
2. wenn der Vermieter gekündigt hat, weil der Mieter seinen Anträgen auf Änderung des Mietzinses oder anderer Vertragsbestimmungen in berechtigter Wahrung seiner Interessen widersprochen oder seinerseits entsprechende Anträge gestellt hat.

§ 4 Satz 2 der Kündigungsschutzverordnung[1] findet keine Anwendung; § 8 Abs. 1 Satz 2 dieser Verordnung gilt entsprechend.

1. Oben zu Jt.

§ 7. (1) Findet § 6 keine Anwendung, so hat die Preisbehörde zu prüfen, ob die Kündigung für den Mieter eine nicht unerhebliche wirtschaftliche Belastung bedeutet. Ist diese Voraussetzung nicht gegeben, so ist der Widerspruch des Mieters als unbegründet zurückzuweisen. Andernfalls hat die Preisbehörde einen Vorschlag hinsichtlich der dem Mieter zu gewährenden Entschädigung und der Dauer der Räumungsfrist zu machen.

(2) Die Preisbehörde kann hiervon absehen und die Kündigung, ohne einen solchen Vorschlag zu machen, für unwirksam erklären, wenn diese für den Mieter auch bei Berücksichtigung des Interesses, das der Vermieter an der Erlangung des Mietraumes hat, eine unzumutbare Härte bedeutet und ihre Folgen durch Gewährung einer Entschädigung und Zubilligung einer Räumungsfrist nicht ausgeglichen werden können.

§ 8. (1) Lehnt der Vermieter einen auf Grund von § 7 Abs. 1 gemachten Vorschlag der Preisbehörde ab, so ist die Kündigung für unwirksam zu erklären. Hat jedoch der Mieter bereits vor der Entscheidung über seinen Widerspruch andere Räume gemietet, so kann die Preisbehörde den Vermieter zur Zahlung einer angemessenen Entschädigung und zur Bewilligung einer Räumungsfrist verpflichten.

(2) Nimmt der Vermieter den Vorschlag der Preisbehörde an, so ist der Widerspruch des Mieters gegen die Kündigung zurückzuweisen.

§ 9. (1) Eine dem Mieter zugebilligte Räumungsfrist ist aufzuheben oder zu beschränken, wenn dem Mieter taugliche Ersatzräume nachgewiesen werden. Das gleiche gilt, wenn der Mieter sich während der Räumungsfrist so verhält, daß der Vermieter nach § 5 Abs. 2 einen Anlaß zur Kündigung haben würde.

(2) Während der Räumungsfrist, jedoch nicht über den Zeitpunkt der Räumung hinaus haben die Parteien die bisherigen Rechte und Pflichten.

§ 10. Der Reichskommissar für die Preisbildung kann im Verwaltungswege Grundsätze für die Bemessung der Entschädigung und für die Dauer der Räumungsfrist aufstellen[1].

1. Unten zu Jv.

§ 11. (1) Der Vermieter kann bei Mietverhältnissen, für die die Kündigungsschutzverordnung gilt, die Räumungsklage erst nach Ablauf von zwei Wochen seit der Kündigung erheben. Hat der Mieter der Kündigung widersprochen, so kann der Vermieter erst dann Klage erheben, wenn die Preisbehörde über den Widerspruch entschieden hat. Die Preisbehörde kann den Vermieter auf seinen Antrag ermächtigen, die Klage früher zu erheben.

(2) Ist der Vermieter zur Zahlung einer Entschädigung verpflichtet, so kann das Gericht auf Antrag des Mieters die Zwangsvollstreckung von der Hinterlegung der Entschädigung abhängig machen.

§ 12. (1) Bei Mietverhältnissen der im § 6 der Kündigungsschutzverordnung bezeichneten Art kann von dem Mieter die Verlängerung des Mietverhältnisses nur durch eingeschriebenen Brief beantragt werden.

(2) Der Vermieter hat dem Mieter binnen zwei Wochen nach Empfang des Antrags zu erklären, ob er dem Antrage stattgeben will. Gibt er keine Erklärung ab, so gilt das Mietverhältnis als auf unbestimmte Zeit verlängert.

(3) Lehnt der Vermieter die Verlängerung ab, so kann[1] er binnen zwei Wochen die Entscheidung der Preisbehörde beantragen, ohne daß es eines Widerspruchs des Mieters bedarf. In diesem Fall wird der Antrag des Mieters auf Vertragsverlängerung wie ein Widerspruch behandelt.

(4) Der Vermieter kann den Mieter jederzeit, frühestens jedoch ein Jahr vor Ablauf des Mietverhältnisses durch eingeschriebenen Brief zu einer Erklärung darüber auffordern, ob er einen Antrag auf Verlängerung des Mietverhältnisses stellen will. Stellt der Mieter diesen Antrag nicht binnen zwei Wochen nach Empfang der Aufforderung, so verliert er das Recht, der Nichtverlängerung des Mietverhältnisses zu widersprechen.

(5) Der Widerspruch ist als unbegründet zurückzuweisen, wenn der Vermieter die Räume nach Ablauf des Mietverhältnisses für eigene Zwecke benötigt und aus diesem Grunde dessen Dauer begrenzt hat. Das gilt jedoch nur, wenn der Grund der Begrenzung dem Mieter bereits bei Entstehung des Mietverhältnisses bekannt war.

(6) Der Widerspruch ist ferner als unbegründet zurückzuweisen, wenn die Mieträume zu einem vorübergehenden Gebrauch vermietet worden sind.

(7) Im übrigen finden die Vorschriften der §§ 1 bis 11 entsprechende Anwendung.

1. Das steht in seinem Belieben: unten zu Jv Ziff. 34.

§ 13. (1) Der Kündigung eines Untermietverhältnisses kann der Untermieter nur nach § 6[1] widersprechen. Das gilt jedoch nicht bei Wohnräumen, in denen der Untermieter einen eigenen Haushalt führt, und bei Wohn- und Geschäftsräumen, die er mit Einrichtungsstücken ausgestattet hat.

(2) Einem Untermietverhältnis steht es gleich, wenn ein Hauseigentümer oder jemand, der einen Raum auf Grund eines Erbbaurechts, Nießbrauchs oder eines ähnlichen Rechtsverhältnisses innehat, einen Teil des von ihm selbst im Hause genutzten Raumes vermietet.

1. D. h. § 6 dieser VO.

§ 14. Der Mieter kann auf die ihm nach der Kündigungsschutzverordnung zustehenden Rechte nicht verzichten. Der Anspruch auf Zahlung einer Entschädigung nach dieser Verordnung unterliegt nicht der Pfändung.

Das Verfahren vor den Preisbehörden.

§ 15. Die nach § 8 der Kündigungsschutzverordnung[1] zuständigen Preisbehörden entscheiden durch einen Beamten, der zum Richteramt befähigt sein oder die Prüfung zum höheren Verwaltungsdienst abgelegt haben muß. Die im § 20 Abs. 3 Satz 2 bezeichnete Behörde kann zulassen, daß die Entscheidung durch einen anderen Beamten der Preisbehörde getroffen wird.

1. Oben zu Jt.

§ 16. (1) Örtlich zuständig ist die Preisbehörde, in deren Bezirk das Mietgrundstück liegt.

(2) Die nach Abs. 1 zuständige Behörde ist nicht zur Entscheidung befugt, wenn ein Mietverhältnis gekündigt wird, an dem der betreffende Kreis (Gemeinde, Amt) als Mieter oder Vermieter beteiligt ist. In diesem Fall beauftragt die nach § 20 Abs. 3 Satz 2 genannte Behörde eine andere Preisbehörde mit der Entscheidung.

§ 17. (1) Die Entscheidung der Preisbehörde ergeht nach mündlicher Verhandlung. Die Entscheidung darüber, ob die im § 4 aufgeführten Voraussetzungen vorliegen, kann ohne mündliche Verhandlung getroffen werden.

(2) Die Beteiligten sind nach dem Eingang des Antrags bei der Preisbehörde unverzüglich zu der mündlichen Verhandlung zu laden. Die Ladungsfrist beträgt drei Tage.

(3) Sind die Beteiligten ordnungsgemäß geladen und ist die Sache zur Entscheidung reif, so kann die Preisbehörde auch in ihrer Abwesenheit entscheiden.

§ 18. (1) Die Preisbehörde erhebt die erforderlichen Beweise. Die Beteiligten und Dritte sind verpflichtet, ihr über alle das Mietverhältnis betreffenden Tatsachen Auskunft zu erteilen. Die Verordnung über Auskunftspflicht vom 13. Juli 1923 (Reichsgesetzbl. I S. 723) findet entsprechende Anwendung.

(2) Die Gerichte haben den Preisbehörden Rechtshilfe zu leisten. Bedarf es zur Herbeiführung einer wahren Aussage der Vereidigung eines Zeugen, so ist der Eid vom zuständigen Gericht abzunehmen.

§ 19. (1) In der mündlichen Verhandlung hat die Preisbehörde in erster Linie auf eine gütliche Einigung der Beteiligten hinzuwirken. Verpflichtet sich der Vermieter, den Mieter entsprechend dem Vorschlag der Preisbehörde zu entschädigen, so ist seine Erklärung zu Protokoll zu nehmen. Das gleiche gilt, wenn sich die Beteiligten vergleichen.

(2) Die Entscheidungen sind schriftlich zu begründen und den Beteiligten zuzustellen.

(3) Aus einem vor der Preisbehörde geschlossenen Vergleich, aus einer Verpflichtungserklärung nach Abs. 1 sowie aus einer Entscheidung der Preisbehörde findet die gerichtliche Zwangsvollstreckung statt.

§ 20. (1) Gegen die Entscheidungen der Preisbehörde kann Beschwerde erhoben werden.

(2) Die Beschwerde ist binnen zwei Wochen nach Zustellung der Entscheidung bei der Preisbehörde zu erheben. Sie kann nur darauf gestützt werden, daß die Entscheidung auf einer Verletzung des Gesetzes beruht.

(3) Erachtet die Preisbehörde die Beschwerde für begründet, so hat sie ihr abzuhelfen; andernfalls ist die Beschwerde der Preisüberwachungsstelle — in Berlin dem Stadtpräsidenten der Reichshauptstadt Berlin — zur Entscheidung vorzulegen.

(4) Eine nicht ordnungsmäßig erhobene Beschwerde ist ohne sachliche Prüfung als unzulässig zurückzuweisen.

(5) Die im Abs. 3 Satz 2[1] genannte Behörde kann die Nachprüfung oder Vornahme einzelner tatsächlicher Feststellungen anordnen. Sie kann eine Sache zur nochmaligen Verhandlung und Entscheidung an die Preisbehörde zurückverweisen.

1. Es muß heißen „Halbsatz 2".

§ 21. Für das Verfahren werden Gebühren nach der Verordnung über die Kostenpflicht und Kostenerhebung in Miet- und Pachtpreissachen vom 29. Dezember 1938 (Deutscher Reichsanzeiger und Preuß. Staatsanzeiger 1939 Nr. 2)[1] mit folgender Maßgabe erhoben:

1. Der Wert des Gegenstandes ist in Höhe des Vierteljahresmietzinses festzusetzen.
2. Vergleichen sich die Beteiligten vor der Preisbehörde, so ermäßigt sich die Gebühr auf die Hälfte.
3. Die Gebühr ist dem Mieter aufzuerlegen, wenn sein Widerspruch als unzulässig oder als unbegründet zurückgewiesen wird.

4. Für die Beschwerde wird die gleiche Gebühr wie für das Verfahren vor der Preisbehörde erhoben. Hat die Beschwerde Erfolg, so wird keine Gebühr erhoben.

1. Unten zu Mc.

Schluß- und Übergangsvorschriften.

§ 22. (1) Diese Verordnung tritt mit dem auf die Verkündung folgenden Tage in Kraft[1].

(2) Bis zum Ablauf von zwei Wochen nach diesem Zeitpunkt können die Beteiligten ihre Rechte aus der Kündigungsschutzverordnung und aus dieser Verordnung auch dann noch geltend machen, wenn sie die in der Kündigungsschutzverordnung vorgesehenen Formen nicht beachtet haben oder wenn die dort gesetzten Fristen verstrichen sind. Das gleiche gilt, wenn der Vermieter vor Inkrafttreten der Kündigungsschutzverordnung gekündigt oder die Verlängerung eines Vertrags abgelehnt hat.

(3) Der Widerspruch des Mieters ist ausgeschlossen, wenn er rechtskräftig zur Räumung verurteilt ist, oder wenn er vor Inkrafttreten der Kündigungsschutzverordnung geräumt oder sich durch besondere Vereinbarung zur Räumung verpflichtet hat oder wenn der Vertrag vor diesem Zeitpunkt abgelaufen ist.

(4) Die Preisbehörde hat über Einwendungen, welche der Mieter vor dem Inkrafttreten der Kündigungsschutzverordnung bei ihr gegen eine Kündigung erhoben hat, unter sinngemäßer Anwendung der §§ 1 und 4 der Kündigungsschutzverordnung[2] zu entscheiden.

(5) Hat der Vermieter vor Inkrafttreten dieser Verordnung bei der Preisbehörde eine Entscheidung über den Widerspruch des Mieters beantragt, so sind die Vorschriften dieser Verordnung sinngemäß anzuwenden mit Ausnahme des § 3. Gegen die Entscheidung über den Widerspruch des Mieters kann die Beschwerde bis zum Ablauf von zwei Wochen nach Inkrafttreten dieser Verordnung auch dann noch erhoben werden, wenn die im § 20 Abs. 2 festgesetzte Frist verstrichen ist.

1. Die die VO. enthaltende Nr. 118 des RGBl. ist am 6. 7. 39 ausgegeben.
2. Oben zu Jt.

§ 23. Das Gericht hat einen Rechtsstreit über die Herausgabe von Mieträumen bis zur Entscheidung der Preisbehörde auszusetzen, wenn der Vermieter vor Inkrafttreten dieser Verordnung die Räumungsklage erhoben hat und der Mieter seine Rechte aus § 22 geltend macht.

§ 24. (1) Die Kündigung eines Mietverhältnisses ist nicht deshalb nichtig, weil der Vermieter dem Mieter unter Verstoß gegen die Verordnung über das Verbot von Preiserhöhungen vom 26. November 1936 (Reichsgesetzbl. I S. 955)[1] gekündigt hat. Dies gilt auch für Mietverhältnisse der im § 9 der Kündigungsschutzverordnung[2] und der im § 2 Ziffer 2 und 3 dieser Verordnung bezeichneten Art.

(2) Die Vorschrift des Abs. 1 findet auch dann Anwendung, wenn dem Mieter vor Inkrafttreten dieser Verordnung gekündigt ist.

1. Krieg[5] zu De.
2. Oben zu Jt.

Berlin, den 24. Juni 1939.

Der Reichskommissar für die Preisbildung
Wagner

Jv.

Runderlaß Nr. 66/39, betr. Maßnahmen der Preisbehörden bei Kündigungen von Miet- und Pachtverhältnissen.

Runderl. des RfPr. vom 8. Juli 1939 (MittBl. d. RfPr. 1939 Teil I Nr. 29 vom 17. Juli 1939 S. 272).

An alle Preisüberwachungsstellen sowie die Stadt- und Landkreise — Preisbehörden —, nachrichtlich den Preisbildungsstellen (ausgenommen in der Ostmark und im Reichsgau Sudetenland).

[1]Zu der am 19. April 1939 erlassenen Verordnung über Maßnahmen der Preisbehörden bei Kündigungen von Miet- und Pachtverhältnissen (Kündigungsschutzverordnung) (Reichsgesetzbl. I S. 799, Mitteilungsbl. I S. 164)[2] habe ich unter dem 24. Juni 1939 (Reichsgesetzbl. I S. 1091, Mitteilungsbl. I S. 269)[3] die erforderlichen Durchführungsbestimmungen erlassen.

1. Dieser Runderl. ist zur Zeit **außer Kraft gesetzt.** Vgl. Anm. 1 vor § 1 VO. v. 19. 4. 39 (oben zu Jt). Erläuterungen zu ihm siehe GE. **39** 613 und DRW. **39** 495.
2. Oben zu Jt.
3. Oben zu Ju.

Zur Sicherung ihrer einheitlichen Handhabung bestimme ich folgendes:

Zu § 1. (1) Auch gewerblich nicht genutzte unbebaute Grundstücke fallen unter die Kündigungsschutzverordnung, wenn sie zusammen mit Räumen vermietet werden und die Raumüberlassung die Hauptsache bildet.

Zu § 2. (2) Die Vorschrift des § 9 der Kündigungsschutzverordnung[1] gilt auch für Mietverhältnisse, auf die die §§ 20 bis 23 b und 32 des Mieterschutzgesetzes[2] Anwendung finden.

1. Oben zu Jt.
2. Krieg[5] zu Jc.

(3) Abs. 1 Ziff. 1 betrifft nur solche Kündigungen, die als unmittelbare Folge städtebaulicher Maßnahmen anzusehen sind. Diese Voraussetzung ist nicht bei Mietgrundstücken gegeben, die außerhalb eines Bereichs liegen, auf den das Gesetz zur Neugestaltung deutscher Städte Anwendung findet. Kündigungen, die die Unterbringung sogenannter Abrißeigentümer und Abrißmieter ermöglichen sollen, fallen also nicht unter die Ausnahmebestimmung des § 2 Abs. 1 Ziff. 1.

Zu § 3. (4) Ein Widerspruch, den der Mieter nicht dem Vermieter, sondern der Preisbehörde gegenüber erklärt hat, ist dem Mieter unverzüglich unter Hinweis auf das nach § 2 der Kündigungsschutzverordnung[1] und nach § 3 der Durchführungsverordnung[2] zu beobachtende Verfahren zurückzusenden. Es empfiehlt sich, hierfür ein besonderes Formular zu verwenden.

1. Oben zu Jt.
2. Oben zu Ju.

(5) Bei der Bestimmung des § 3 Abs. 3 handelt es sich um eine Sollvorschrift. Verstoßen die Beteiligten gegen diese Vorschrift, so kann die Preisbehörde ihnen aufgeben, ihre Erklärungen oder Anträge nachträglich zu begründen.

Zu § 4. (6) Unzulässig im Sinne von § 4 Abs. 1 ist ein Verfahren, wenn das Mietverhältnis nicht unter die Kündigungsschutzverordnung[1] fällt, sondern z. B. dem Mieterschutzgesetz[2] unterliegt.

1. Oben zu Jt.
2. Krieg[5] zu Jc.

(7) Ungültig ist eine Kündigung, die gegen gesetzliche Vorschriften oder vertragliche Vereinbarungen verstößt. Nur eine

an sich gültige Kündigung kann von der Preisbehörde gegebenenfalls für unwirksam erklärt werden.

(8) Einem Antrag des Vermieters auf Aussetzung des Verfahrens ist grundsätzlich zu entsprechen. Im übrigen soll das Verfahren nur dann ausgesetzt werden, wenn die Feststellung, ob die Kündigung gültig ist, in rechtlicher und tatsächlicher Hinsicht besondere Schwierigkeiten bereitet.

Zu § 5. (9) Angesichts des Schutzes, den die Kündigungsschutzverordnung dem Mieter gewährt, muß von diesem erwartet werden, daß er seine Verpflichtungen aus dem Mietvertrag besonders sorgfältig erfüllt. Daher kann auch bei weniger schweren Verstößen, als sie § 5 Abs. 2 Satz 2 aufführt, ein Anlaß zur Kündigung gegeben sein. Vor allem gilt dies dann, wenn aus dem Verhalten des Mieters eine Gesinnung spricht, die dem Vermieter die Fortsetzung des Mietverhältnisses unzumutbar macht.

Zu § 6. (10) Eine Kündigung, die gegen die Preisstopverordnung[1] verstößt, ist nach § 24[2] nicht ohne weiteres nichtig. Sie kann aber durch besonderen Verwaltungsakt der Preisbehörde für unwirksam erklärt werden, wenn der Mieter ihr widersprochen und der Vermieter bei der Preisbehörde eine Entscheidung über den Widerspruch beantragt hat.

1. Krieg [5] zu De.
2. Gemeint ist § 24 der DurchfVO., oben zu Ju.

(11) Die Anwendung des § 6 setzt nicht voraus, daß die Kündigung für den Mieter eine wirtschaftliche Belastung bedeutet.

(12) Einer unzulässigen Mietzinssteigerung steht nach allgemeinen preisrechtlichen Grundsätzen eine Änderung anderer Vertragsbedingungen gleich, sofern diese Änderung den Mieter benachteiligt.

Zu § 7 Abs. 1. (13) Bei der Entscheidung der Frage, ob eine Kündigung den Mieter nicht unerheblich belastet, haben die Einkommens- und Vermögensverhältnisse des Mieters außer Betracht zu bleiben.

(14) Als Entschädigung dürfen bei der Kündigung von Wohnungen höchstens die für den Umzug innerhalb der Gemeinde erforderlichen Kosten zugebilligt werden, jedoch nicht mehr, als dem Betrage von zwei Monatsmieten entspricht.

(15) Als Umzugskosten gelten nicht nur die Kosten des Möbeltransports, sondern ebenso wie im Mieterschutzgesetz

(§ 4 Abs. 3)[1] auch die durch den Umzug erforderlich werdenden Neuanschaffungen.

1. Krieg[5] zu Jc.

(16) Grundsätzlich sollen dem Mieter in dem nach Ziff. 14 und 15 zulässigen Rahmen die vollen Umzugskosten erstattet werden. Abweichungen zugunsten des Vermieters sind zulässig, wenn besondere Gründe dafür vorliegen.

(17) Umzugskosten, die der Mieter durch sorgfältige Auswahl der neuen Räume hätte vermeiden können, sind nicht zu berücksichtigen. Hat ein Mieter vor Entscheidung der Preisbehörde neue Räume gemietet, ohne den Vermieter von dieser Absicht in Kenntnis zu setzen, so ist die Angemessenheit der beanspruchten Umzugskosten besonders genau zu prüfen.

(18) Auch bei Geschäftsräumen dürfen grundsätzlich nur die für einen Umzug innerhalb der Gemeinde erforderlichen Kosten erstattet werden. Eine Entschädigung wegen sonstiger wirtschaftlicher Nachteile kommt nur bei Geschäftsräumen in Betracht, die für den Inhaber wegen ihrer Lage einen erheblichen Vermögenswert darstellen. Geschäfte dieser Art sind z. B. Ladengeschäfte für den täglichen Bedarf.

(19) Feste Höchstgrenzen lassen sich für die Entschädigung bei Kündigung von Geschäftsräumen nicht geben. Bei der Entscheidung sind folgende Umstände zu berücksichtigen:

1. die Dauer des Mietverhältnisses und das bisherige Verhalten des Mieters,
2. das Alter des Mieters sowie die Einkommens- und Vermögensverhältnisse der Beteiligten,
3. die Aufwendungen, die der Mieter in berechtigtem Vertrauen auf die Fortdauer des Mietverhältnisses gemacht hat,
4. die Beweggründe der Kündigung, insbesondere, ob die beabsichtigte anderweitige Verwendung dem Vermieter wirtschaftliche Vorteile bietet und ob diese auf einer der Tätigkeit des Mieters zu verdankenden Erhöhung des Nutzungswertes der Räume beruhen.

Für die Entschädigung gemäß Ziffer 18 Satz 2 wird es außerdem von Bedeutung sein, welche Aufwendungen der Mieter für die Eröffnung und den Aufbau eines gleichwertigen Geschäftes machen muß.

(20) Wegen der Schwierigkeiten, die die Festsetzung einer angemessenen Entschädigung bei Geschäftsräumen häufig bereitet,

wird in Fällen größerer wirtschaftlicher Bedeutung ein Gutachten der Industrie- und Handelskammer einzuholen sein, falls die Beteiligten nicht ausdrücklich darauf verzichten. Der Industrie- und Handelskammer bleibt es überlassen, mit den Beteiligten, soweit sie es für zweckmäßig hält, unmittelbar zu verhandeln. Sie soll nach Möglichkeit auf eine gütliche Einigung der Beteiligten hinwirken.

(21) Steht die Höhe des dem Mieter entstehenden Schadens nicht fest, so kann sich die Preisbehörde die endgültige Festsetzung der zu leistenden Entschädigung vorbehalten. In diesem Fall darf die Kündigung nur dann zugelassen werden, wenn der Vermieter sich verpflichtet, den von der Preisbehörde festzusetzenden Betrag zu zahlen. Nach Möglichkeit ist der Höchstbetrag der in Frage kommenden Entschädigung anzugeben. Erforderlichenfalls kann die Zulassung der Kündigung auch davon abhängig gemacht werden, daß der Vermieter Vorschuß leistet.

(22) Die Preisbehörde kann ferner Bestimmungen darüber treffen, wann die Entschädigung fällig wird, ob sie in einer Summe oder in Raten zu zahlen ist, ob Sicherheiten zu leisten sind, sowie andere Fragen regeln, die mit der Festsetzung der Entschädigung zusammenhängen.

(23) Die Preisbehörde hat darauf hinzuwirken, daß über etwaige streitige Ansprüche der Beteiligten aus dem Mietverhältnis ein Vergleich zustande kommt. Das gilt insbesondere für etwaige Ansprüche des Mieters für Aufwendungen, die er zur Erhaltung oder Verbesserung der Mieträume gemacht hat, sowie für etwaige Schadensersatzansprüche des Vermieters wegen einer nicht ordnungsmäßigen Instandhaltung der Mieträume.

(24) Ergeben sich für den Mieter daraus Härten, daß nach dem Mietvertrage Einrichtungen, mit denen er das Haus oder die Mieträume versehen hat, entschädigungslos in das Eigentum des Vermieters übergehen, so kann diese vertragliche Bestimmung gemäß § 2 des Preisbildungsgesetzes[1] für unwirksam erklärt werden.

1. Krieg[5] zu Db.

(25) Unter allen Umständen muß verhindert werden, daß der Mieter sich auf Grund des ihm durch die Kündigungsschutzverordnung gegebenen Entschädigungsanspruchs ungerechtfertigte Vorteile verschafft. Falls derartige Versuche festgestellt werden,

kann die Entschädigung für den Mieter gegebenenfalls niedriger, als es nach den sonstigen Umständen angemessen wäre, festgesetzt werden.

(26) Die Zubilligung einer Räumungsfrist soll dem Mieter die Möglichkeit geben, passende Ersatzräume zu finden, um die wirtschaftlichen Schäden so niedrig wie möglich zu halten.

(27) Eine Räumungsfrist darf nicht bewilligt werden, wenn der Vermieter an der fristgemäßen Erlangung der Mieträume aus besonderen Gründen ein so dringendes Interesse hat, daß auch bei Berücksichtigung der Verhältnisse des Mieters die Gewährung einer Räumungsfrist dem Vermieter nicht zugemutet werden kann.

(28) Die Räumungsfrist darf bei Wohnungen drei Monate, bei Geschäftsräumen sechs Monate nicht übersteigen. Als Geschäftsräume in diesem Sinne gelten auch Pensionen. Eine einmalige Verlängerung der Räumungsfrist um denselben Zeitraum ist zulässig, wenn sie dringend erforderlich ist. Ziff. 27 findet sinngemäße Anwendung.

(29) Ich behalte mir vor, für besondere Fälle eine anderweitige Regelung für die Bewilligung von Räumungsfristen zu treffen und für die Bemessung der Entschädigung bei Geschäftsräumen nähere Vorschriften zu geben.

Zu § 7 Abs. 2. (30) Die Vorschrift des § 7 Abs. 2 ist grundsätzlich nur dann anzuwenden, wenn die Gefahr besteht, daß der Mieter keine andere Wohnung findet, oder wenn die Weiterführung eines Betriebes, dessen Aufgabe dem Mieter nicht zugemutet werden kann, erheblich gefährdet wird. Weitere Voraussetzung ist, daß der Vermieter kein so dringendes Interesse an der Erlangung der Mieträume hat, daß diese Nachteile dem Mieter zugemutet werden können. Die Anwendung des § 7 Abs. 2 ist deshalb ausgeschlossen, wenn die Kündigung aus Gründen erfolgt, die den Vermieter berechtigen würden, die Aufhebung des Mietverhältnisses auf Grund von §§ 4 oder 4 a des Mieterschutzgesetzes[1] zu verlangen.

1. Krieg [5] zu Jc.

Zu § 11. (31) Abs. 1 Satz 3 gibt der Preisbehörde z. B. die Möglichkeit, bei offensichtlich berechtigter fristloser Kündigung unverzüglich die Erhebung der Räumungsklage zuzulassen.

Zu § 12. (32) § 12 enthält Sondervorschriften für Miet- und Pachtverträge, die auf bestimmte Zeit geschlossen sind.

(33) Die Ablehnung der Verlängerung des Vertrages ist wie eine Kündigung zu behandeln.

(34) Die Vorschrift des Abs. 3 gibt dem Vermieter wahlweise die Möglichkeit, die Preisbehörde anzurufen, ohne den Widerspruch des Mieters abzuwarten, und dadurch das Verfahren zu beschleunigen.

(35) Wenn der Widerspruch des Mieters gemäß Abs. 5 oder 6 als unbegründet zurückzuweisen ist, findet § 4 Satz 2 der Kündigungsschutzverordnung[1] keine Anwendung.

1. Oben zu Jt.

(36) Im Falle des Abs. 5 brauchen die Gründe der Begrenzung nicht Gegenstand der vertraglichen Vereinbarung gewesen zu sein. Im übrigen ist aber darauf zu achten, daß die Bestimmung nicht dazu benutzt wird, die Vorschriften der Kündigungsschutzverordnung[1] zu umgehen.

1. Oben zu Jt.

(37) Um einen vorübergehenden Gebrauch im Sinne von Abs. 6 handelt es sich z. B. bei der Vermietung oder Verpachtung von Läden für eine bestimmte Saison.

Zu § 13. (38) § 13 Abs. 1 Satz 2 ist nicht anwendbar, wenn der Mieter[1] Wohn- oder Geschäftsräume nur mit einzelnen Einrichtungsstücken ausgestattet hat, während die sonstigen Einrichtungsgegenstände dem Vermieter gehören.

1. Im Text des Runderl. steht fälschlich „Vermieter".

Zu § 19. (39) Es ist beabsichtigt, Entscheidungen von grundsätzlicher Bedeutung fortlaufend zu veröffentlichen. Hierfür geeignete Entscheidungen sind mir in Abschrift zu übersenden.

Zu § 22. (40) Abs. 2 und 3 sind anzuwenden, wenn bisher kein Verfahren bei der Preisbehörde eingeleitet worden ist, während in den Absätzen 4 und 5 ebenso wie in § 10 Abs. 3 der Kündigungsschutzverordnung[1] Vorschriften für schwebende Verfahren gegeben werden.

1. Oben zu Jt.

(41) Abs. 5 setzt voraus, daß der Mieter in dem Zeitraum zwischen Inkrafttreten der Kündigungsschutzverordnung[1] und der Durchführungsverordnung[2] Widerspruch erhoben und der Vermieter eine Entscheidung über den Widerspruch bei der Preisbehörde beantragt hat.

1. Oben zu Jt.
2. Oben zu Ju.

(42) Die Preisbehörden haben der Beschwerde abzuhelfen, wenn sie bei ihrer Entscheidung gegen die in der Durchführungsverordnung[1] gegebenen Vorschriften verstoßen haben.

1. Oben zu Jt.

Zu § 24. (43) An der Strafbarkeit einer Kündigung, die gegen die Verordnung über das Verbot von Preiserhöhungen[1] verstößt, wird durch die Vorschrift des § 24 nichts geändert.

1. Krieg[5] zu De.

Jw.

Dritte Verordnung zur Ausführung der Verordnung über Kündigungsschutz für Miet- und Pachträume*).

VO. des RJustMin. und des RArbMin. vom 5. September 1939 (RGBl. I 1670 = RArbBl. I 424).

In Kraft seit 7. 9. 39, da die die VO. enthaltende Nr. 167 des RGBl. am 6. 9. 39 ausgegeben ist.

Auf Grund des Artikels I der Verordnung über Kündigungsschutz für Miet- und Pachträume vom 28. August 1937 (Reichsgesetzbl. I S. 917)[1] wird im Einvernehmen mit dem Reichskommissar für die Preisbildung folgendes verordnet[2]:

1. Krieg[5] zu Ji.
2. Die VO. erweitert den Mieterschutz erheblich und setzt in § 8 Abs. 2 die VO. des RfPr. v. 19. 4. 39 und ihre Durchführungsbestimmungen (oben zu Jt, Ju, Jv) außer Kraft.

§ 1. Das Mieterschutzgesetz[1] in der Fassung der Bekanntmachungen vom 17. Februar 1928 (Reichsgesetzbl. I S. 25) und vom 27. April 1933 (Reichsgesetzbl. I S. 235), des Artikels 5 des Gesetzes vom 27. Oktober 1933 (Reichsgesetzbl. I S. 780, 787) und des Artikels II der Verordnung vom 20. April 1936 (Reichsgesetzbl. I S. 378) sowie der Ersten Verordnung zur Ausführung der Verordnung über Kündigungsschutz für Miet- und Pachträume vom 4. Dezember 1937 (Reichsgesetzbl. I S. 1325)[2] gilt für Mietverhältnisse jeder Art, soweit in dieser Verordnung nichts anderes bestimmt ist[3,4]. Reichs- und landesrechtliche Beschränkungen der Geltung des Mieterschutzgesetzes treten insoweit außer Kraft[5,6].

---

*) Betrifft nicht die Ostmark und den Reichsgau Sudetenland.

1. Krieg[5] zu Jc.
2. Krieg[5] zu Jk.

3. **Jetziger Schutzbereich.** Mieterschutz und Pächterschutz (§ 9) gilt nunmehr, soweit nicht § 2 Ausnahmen macht, für alle Miet- und Pachtverhältnisse über Gebäude oder Gebäudeteile (§ 1 MSchG.) ohne Rücksicht auf Herstellungszeit, Benutzungsart und örtliche Lage der Räume, Höhe des Zinses. Nicht weggefallen sind dagegen die persönlichen (z. B. für Juden) und sachlichen (z. B. §§ 20—23 a, 26 MSchG.) Einschränkungen des Schutzes. Kein Schutz besteht selbstverständlich auch weiterhin für Miete oder Pacht von beweglichen Sachen oder unbebauten Grundstücken.

4. **Mietaufhebungsgründe in heutiger Abwandlung.** Die unter Mieter- oder Pächterschutz stehenden Vertragsverhältnisse können danach im Altreich einseitig vom Vermieter nur durch Miet- oder Pachtaufhebungsklage (bezw. das Kündigungsverfahren nach §§ 1 a ff. MSchG.) aus den in §§ 2 bis 4 MSchG. (nicht mehr § 4 a, vgl. § 3 dieser VO.) und in § 4 VO. v. 4. 12. 37 (Krieg[5] zu Jk) genannten Mietaufhebungsgründen zur Aufhebung gebracht werden. Dabei ist folgendes zu beachten:

a) Der in § 2 MSchG. genannte Mietaufhebungsgrund der unbefugten Überlassung des Mietraumes an einen Dritten (vgl. auch § 549 BGB.) ist dadurch beschränkt, daß der Vermieter die erforderliche Erlaubnis zur Untervermietung nur aus einem wichtigen Grunde verweigern darf. Das MEA. — in Preußen das Amtsgericht (§ 2 PrAusfVO. zum MSchG. v. 24. 4. 36, Krieg[5] zu Ka) — kann auf Antrag des Mieters die Erlaubnis hierzu ersetzen; vgl. § 5 Anm. 3.

b) Der in § 3 MSchG. aufgeführte Mietaufhebungsgrund — Zahlungsverzug des Mieters — wird durch Art. 9 VO. über Maßnahmen auf dem Gebiete des bürgerlichen Streitverfahrens usw. v. 1. 9. 39 (RGBl. I 1656) eingeschränkt. Dieser lautet:

Nichteintritt von Verwirkungsfolgen.

Wird ein Schuldner durch die unmittelbaren oder mittelbaren Einwirkungen der im Artikel I Abs. 1 bezeichneten Verhältnisse ohne sein Verschulden gehindert, eine nach dem 25. August 1939 fällig gewordene Verbindlichkeit zu erfüllen, so treten die besonderen Rechtsfolgen, die nach Gesetz oder Vertrag für den Fall der Nichterfüllung oder der nicht rechtzeitigen Erfüllung vorgesehen sind, nicht ein.

Die in Art. I Abs. 1 bezeichneten Verhältnisse sind „die besonderen Verhältnisse, die sich aus der gegenwärtigen politischen Lage ergeben". Durch den angeführten Art. 9 wird § 279 BGB. eingeschränkt, der bei Gattungsschulden, also insbesondere bei Geldschulden, die Vertretung für Unvermögen zur Leistung auch dann ausspricht, wenn dem Schuldner ein Verschulden nicht zur Last fällt. Es tritt also kein Leistungsverzug ein und damit wird die Anwendungsmöglichkeit des § 3 MSchG. ausgeschlossen. Allerdings kommt diese Einschränkung nicht in Betracht, soweit den Angehörigen der zu den Waffen oder sonstigem Heeresdienst Einberufenen zweckbestimmte Mietbeihilfen bezw. Wirtschaftsbeihilfen gewährt werden; vgl. die Einsatz-FamilienunterstützVO. v. 1. 9. 39 (RGBl. I 1563), das FamilienunterstützG. v. 30. 3. 36 (RGBl. I 327) und § 9 Abs. 2 Nr. 1, §§ 10, 12 FamilienunterstützDurchfVO. v. 11. 6. 39 (RGBl. I 1225). Durch mittelbare Einwirkung der gegenwärtigen politischen Lage werden aber z. B. auch manche nicht zum Heeresdienst einberufenen Geschäfts- oder Gewerbebetriebsinhaber betroffen, weil ihr Kundenkreis infolge der Einziehungen sich verkleinert, der Verkauf der Waren infolge gesetzlicher Maßnahmen, Mangels an Rohstoffen sich verringert hat. Gerät durch das Ausbleiben der Mietzahlungen für einen längeren Zeitraum der Vermieter in Schwierigkeiten, seinerseits seine Verpflichtungen als Hypotheken-, Steuer-, Abgabenschuldner zu erfüllen, so hilft ihm ebenfalls der angeführte Art. 9 der VO. v. 1. 9. 39. Es kann aber auch § 4 MSchG. in Betracht kommen, wenn z. B. ein arbeits- und erwerbsunfähiger Hausbesitzer auf die Einkünfte aus der Vermietung des Hauses angewiesen ist.

c) Bei dem Mietaufhebungsgrunde des § 4 MSchG. — Eigenbedarf des Vermieters — genügt nach § 4 dieser VO. zum Nachweis des überwiegenden Eigenbedarfs des Vermieters an der Erlangung des Mietraumes, wenn dieser für kriegswichtige Zwecke benötigt wird, eine Bescheinigung der zuständigen Behörde. In einem solchen Falle kann auch, ohne Rücksicht auf anderweitige vertragliche oder gesetzliche Regelung, abweichend von § 5 MSchG. das Mietverhältnis mit sofortiger Wirkung aufgehoben werden; vgl. hierzu die in ähnlicher Richtung liegenden Entscheidungen JW. **38** 1519, 1521 = GE. **38** 549, 588. Auch soll grundsätzlich, abweichend von § 5 a MSchG., keine Räumungsfrist gewährt werden. Neu ist auch die mögliche Entschädigung des weichenden Mieters (Pächters) von Geschäftsraum für sonstige wirtschaftliche Nachteile (unten § 7).

5. **Aufgehobene Bestimmungen.** Es gelten insbesondere nicht mehr die Beschränkungen des Mieterschutzes für:

a) sog. „mieterschutzfreie Gemeinden" (§ 3 VO. v. 4. 12. 37, Krieg [5] zu Jk), die es in Oldenburg und im Saarland gab;

b) reine Geschäftsräume (§ 32 a MSchG.);

c) Hausangestelltenwohnungen (§ 23 b MSchG.). Sie erlangen damit aber nicht etwa vollen Mieterschutz, sondern es fällt eben nur § 23 b fort und die sich aus §§ 20—23 a MSchG. ergebenden Beschränkungen bleiben bestehen;

d) Neu-, Um- und Einbauten sowie für Wohnungen, die durch Wohnungsteilung oder Umbau gewerblicher oder sonstiger Räume als räumlich und wirtschaftlich selbständige Wohnungen gewonnen werden, nunmehr ohne Rücksicht auf den Zeitpunkt der Bezugsfertigkeit (§ 1 Abs. 1 zu a, b VO. v. 4. 12. 37, § 8 VO. v. 31. 8. 38, Krieg [5] zu Jk, Jl);

e) Räume in Gebäuden gemeinnütziger Wohnungsunternehmen ohne Rücksicht auf den Zeitpunkt der Bezugsfertigkeit (§ 1 Abs. 1 zu c VO. v. 4. 12. 37, Krieg [5] zu Jk). Hier aber nur mit den sich aus §§ 2, 3 VO. v. 31. 8. 38 (Krieg [5] zu Jl) ergebenden und fortgeltenden Ausnahmen;

f) Altbauten mit einer Mietzinshöhe oberhalb der Grenzen des § 2 Abs. 1 VO. v. 4. 12. 37 (Krieg [5] zu Jk) sowie des § 1 PrAusfVO. zum MSchG. v. 24. 4. 36 (Krieg [5] zu Ka).

6. **Mietverhältnisse mit Juden.** Das Gesetz über Mietverhältnisse mit Juden v. 30. 4. 39 (oben zu Js) ist ein Sondergesetz, das, auf nationalsozialistischer Weltanschauung beruhend, das Ziel verfolgt, auch rein räumlich die Trennung der Juden von den Nichtjuden zu erleichtern. Deshalb darf z. B. bei rassenmäßiger Verschiedenheit der Vermieter dem Mieter nach § 2 des Ges. ohne jede Einschränkung zum vertraglich zulässigen Termin kündigen, obwohl nach § 1 n MSchG. in solchem Falle eine Berufung auf den Ablauf des Vertrages nur zulässig wäre, wenn ein Mietaufhebungsgrund vorliegt. Das trifft in gleicher Weise einen nichtjüdischen wie einen jüdischen Mieter, die beide sich damit abzufinden haben, weil das Allgemeininteresse es erfordert. Aus diesem höheren Gesichtspunkt aber hat das Sondergesetz auch neben der VO. v. 5. 9. 39, die nur allgemeine Ziele verfolgt, vollinhaltlich bestehen zu bleiben. Nur nebenher sei bemerkt: Auch der Jude als Mieter genießt sonst Mieterschutz: bei einem jüdischen Vermieter in vollem Umfang (§ 1 Satz 2 des Ges.) und bei einem nichtjüdischen Vermieter jedenfalls dann, wenn dieser nicht in vorgeschriebener Form nachweisen kann, daß die anderweite Unterbringung des jüdischen Mieters sichergestellt ist (§ 1 Satz 1 des Ges.). Diese Vorschrift aber bewegt sich in ähnlicher Linie wie die Einschränkung des Mieterschutzes für Werkwohnungen usw. (§§ 20, 21 MSchG.) und ist auch deshalb nicht beseitigt.

§ 2. (1) Die Vorschriften der §§ 24, 25 und 32 des Mieterschutzgesetzes und der Zweiten Verordnung zur Ausführung der Verordnung über Kündigungsschutz für Miet- und Pachträume vom 31. August 1938 (Reichsgesetzbl. I S. 1070) bleiben in Kraft [1].

(2) Der 1. Abschnitt des Mieterschutzgesetzes gilt jedoch auch für Untermietverhältnisse, wenn der Untermieter oder der nach § 24 Abs. 2 des Mieterschutzgesetzes [2] Berechtigte die Räume ganz oder überwiegend mit Einrichtungsgegenständen ausgestattet hat oder wenn er in den Mieträumen mit seiner Familie eine selbständige Wirtschaft oder Haushaltung führt [3].

1. **Ausnahmen vom Mieterschutz.** Hier ist zusammengestellt, was nunmehr von Miet- und Pachtverhältnissen über Gebäude oder Gebäudeteile allein noch vom Mieter- und Pächterschutz ausgenommen ist. Neben dem Sonderrecht für Mietverhältnisse mit Juden (Anm. 6 zu § 1) sind zu nennen:

a) Untermietverhältnisse (§ 24 MSchG.), soweit nicht der obige Abs. 2 durchgreift (vgl. Anm. 2),

b) wenn ein Raum für besondere Zwecke zu vorübergehendem Gebrauch vermietet ist (§ 25 MSchG.); z. B. Sommerwohnung, Hotelzimmer,

c) Nutzungsverhältnisse über Räume in Gebäuden, die im Eigentum oder in der Verwaltung des Reichs oder eines Landes stehen und öffentlichen

Zwecken oder zur Unterbringung von Angehörigen der Verwaltung des Reichs oder Landes zu dienen bestimmt sind oder werden; dasselbe gilt für Gemeinden, Körperschaften des öffentlichen Rechtes, gemeinnützige Anstalten und Stiftungen sowie für gemeinnützige, nicht auf Erwerb gerichtete Organisationen, soweit sie die Räume für eigene Zwecke dringend benötigen (§ 32 MSchG.),

d) Kleinsiedlerstellen, solange sie der Siedler für die Dauer einer Probezeit mietweise innehat (§ 1 VO. v. 31. 8. 38, Krieg [5] zu Jl),

e) wenn jemand durch Miet- oder Nutzungsvertrag von einer gemeinnützigen Genossenschaft als Genosse Räume erhalten hat und nun aus der Genossenschaft ausscheidet (§ 2 das.),

f) wenn ein gemeinnütziges Wohnungsunternehmen Räume auf Grund Kaufanwartschaftsvertrags mietweise überlassen hat und von letzterem zurücktritt (§ 3 das.),

g) wenn Räume in einem Gebäude, dessen Errichtung oder Erwerb von der Wehrmacht gefördert ist, für deren Zwecke zur Verfügung zu halten sind und zur Unterbringung von Angehörigen, Angestellten oder Arbeitern der Wehrmacht benötigt werden (§ 5 Abs. 1 zu a das.),

h) wenn Räume in einem Gebäude, das nicht im Eigentum oder in der Verwaltung des Reichs, eines Landes oder einer Gemeinde steht, für deren Beamte oder für Angestellte oder Arbeiter im öffentlichen Dienst zur Verfügung zu halten sind und benötigt werden (§ 5 Abs. 1 zu b das.),

i) wenn jemand auf Grund Nutzungsverhältnisses Räume in einem Gebäude innehat, das zur Unterbringung von Angehörigen eines Zwecken der Wehrmacht nicht nur vorübergehend dienenden Betriebes benötigt wird (§ 6 das.).

2. Der § 24 Abs. 2 MSchG. lautet:

Einem Untermietverhältnis steht es gleich, wenn ein Hauseigentümer oder jemand, der einen Raum auf Grund eines Erbbaurechts, Nießbrauchs oder eines ähnlichen Rechtsverhältnisses innehat, einen Teil des von ihm selbst im Hause benutzten Raumes vermietet.

3. **Geschützte Untermietverhältnisse.** Die Abgrenzung zwischen geschützten und nicht geschützten Untermietverhältnissen ist anders getroffen als in dem früheren § 24 MSchG. (Krieg [4] zu Eg) oder nach § 13 VO. v. 24. 6. 39 (oben zu Ju). Geschützt sollen sein Untermietverhältnisse, die sich ihrem Wesen und ihrer Ausgestaltung nach, insbesondere hinsichtlich der voraussichtlichen Dauer, einem Hauptmietverhältnis nähern. Danach sind folgende zwei Fälle geschützt:

a) wenn der Untermieter oder der ihm gleichstehende Berechtigte (Anm. 2) Räume (Wohn-, Geschäfts-, Gewerberäume oder sog. gemischte Räume) leer oder überwiegend leer gemietet und ganz oder überwiegend selbst mit Einrichtungsgegenständen ausgestattet hat. Das gilt also auch für einzelne Personen;

b) wenn der Untermieter oder der ihm gleichstehende Berechtigte (Anm. 2) in den Mieträumen mit seiner Familie eine selbständige Wirtschaft oder Haushaltung führt. Es wird sich nur um zu Wohnzwecken untergemietete Räume handeln können, mögen diese auch sonst oder ursprünglich zu Geschäftszwecken gedient haben (z. B. ein Laden). Wer die Einrichtungsgegenstände gestellt hat, ist hier unerheblich. Es genügt nicht, daß die Räume als solche zur Führung einer selbständigen Wirtschaft „geeignet" sind, z. B. weil eine Küche oder Kochgelegenheit dabei ist oder sogar die Räume eine „selbständige Wohnung" (RE 17. Y. 110/24) mit eigenem Zugang, Kochgelegenheit, Wasserzapfstelle, Toilette bilden. Vielmehr muß in den Räumen die selbständige Wirtschaft auch wirklich „geführt" werden. Es genügt auch nicht, daß ein alleinstehender Untermieter oder eine Mehrheit von solchen in den Räumen wirtschaftet, sondern es muß „eine Familie" sein, also mindestens Mann und Ehefrau. Als Kennzeichen selbständiger Wirtschaft oder Haushaltung sieht die VO. des PrWohlfMin. v. 6. 2. 23 (Krieg [4] zu Gb) an, daß dem Untermieter die ständige Benutzung der Küche eingeräumt ist oder er eine in den Räumen vorhandene Kochgelegenheit mit Zustimmung des Hauptmieters ständig benutzt oder zur ständigen Benutzung sich selbst herrichten durfte. Ob sich der Untermieter der Unterstützung des Hauptmieters bedient, ist meist belanglos. RE 17. Y. 36/27. Daß der Untermieter die Hauptmahlzeiten regelmäßig nicht in den Räumen einnimmt, spricht gegen die Führung einer selbständigen Wirtschaft oder Haushaltung, schließt sie aber nicht immer aus; es kommt auf die Umstände des Einzelfalls an (z. B. die Familie kocht und ißt in einem Raum hinter ihrem anderwärts gelegenen Ladengeschäft). RE 17. Y. 38/27. Eine selbständige Wirtschaft oder Haushaltung kann von derselben Person an mehreren Orten gleichzeitig geführt werden. RE 17. Y. 79/27.

§ 3. Eine Kündigung oder Aufhebung des Mietverhältnisses nach § 4 a des Mieterschutzgesetzes [1] findet nicht statt [2].

1. Nach § 4 a MSchG. (Krieg [5] zu Jc) konnte der Vermieter, dem das Haus seit drei Jahren gehört, Mietaufhebung verlangen, wenn er in sein Haus ziehen wollte. Eine Interessenabwägung fand bei dieser Klage nicht statt. Dieser Aufhebungsgrund, gegen den sich der Mieter kaum verteidigen konnte, ist nunmehr beseitigt. Der Vermieter ist auf die Eigenbedarfsklage des § 4 MSchG. angewiesen, die wegen der Interessenabwägung für den Mieter erheblich günstiger liegt, wo auch Umzugskostenersatz in Betracht kommt.

2. Schwebt die Mietaufhebungsklage nach § 4 a MSchG., so kann der Vermieter im Wege der Klageänderung (§ 13 MSchG.) zu einer anderen Begründung des Anspruchs übergehen, z. B. sich auf § 4 (siehe oben Anm. 1) stützen. Fehlt ihm diese Möglichkeit, so kann er sich gegen die Kostenlast nicht dadurch schützen, daß er nunmehr — infolge der Gesetzesänderung — den Rechtsstreit in der Hauptsache für erledigt erklärt und nur noch über die Kosten streitig verhandelt (so Gruch. **44** 1101; a. A. JW. **34** 1922; siehe auch die dort zusammengestellte Literatur). Die hinsichtlich der Kosten in § 8 Abs. 1 Satz 4 der VO. getroffene Sonderregelung gilt nicht für Mietaufhebungsklagen, sondern nur für Räumungsprozesse.

§ 4. Werden die Mieträume für kriegswichtige Zwecke benötigt, so genügt zum Nachweis des überwiegenden Interesses des Vermieters an der Erlangung des Mietraums im Sinne des § 4 des Mieterschutzgesetzes eine Bescheinigung der zuständigen Behörde[1]. Auf Antrag des Vermieters kann das Mietverhältnis mit sofortiger Wirkung aufgehoben werden[2]. Eine Räumungsfrist soll nur gewährt werden, wenn besondere Umstände es dringend geboten erscheinen lassen[3, 4].

1. Schon die §§ 4—6 VO. v. 31. 8. 38 (Krieg[5] zu Jl) hatten aus staatlichen Interessen eine Beschränkung des Mieterschutzes gebracht. Nunmehr wird für kriegswichtige Zwecke der Mieterschutz weiter eingeengt, und zwar in der Weise, daß dem Vermieter die Möglichkeit geboten wird, unter erleichterten Prozeßbedingungen die Bedarfsklage nach § 4 MSchG. zu erheben. Er wird durch Vorlegung einer Bescheinigung der zuständigen Behörde des Nachweises enthoben, daß dringendes Eigeninteresse vorliegt und daß es das entgegenstehende Interesse des Mieters übersteigt. Nicht gesagt ist, aber als nach dem Sinne der Vorschrift selbstverständlich muß angesehen werden, daß die Bescheinigung der Behörde zugleich unwiderlegbar dartut, ein kriegswichtiger Zweck liege vor und die Mieträume würden dafür benötigt. Zuständig für die Ausstellung der Bescheinigung ist diejenige Behörde, der die Arbeiten für den in Frage kommenden kriegswichtigen Zweck unterstehen. Eine nähere Begründung der Zuständigkeit oder des Zweckes wird man, schon aus Geheimhaltungsgründen, nicht fordern können. Es ist zu erwarten, daß die Behörden nur aus wirklich zwingenden Gründen solche Bescheinigungen ausstellen.

2. Das ist eine aus der Sachlage sich ergebende, den Mieter schwer belastende Abweichung von § 5 MSchG. (Krieg[5] zu Jc).

3. Die etwa bewilligte Räumungsfrist kann nach § 5a Abs. 2 MSchG. sogar einmal verlängert werden.

4. Im übrigen aber gelten auch hier alle dem Mieter günstigen Vorschriften, die mit § 4 MSchG. zusammenhängen, der ja nur beweisrechtlich geändert ist. Dem Mieter kann also nach § 4 Abs. 3 MSchG. auf seinen Antrag völliger oder teilweiser Ersatz gewisser Umzugskosten, nach § 7 dieser VO. darüber hinaus bei Geschäftsraummiete eine angemessene Entschädigung für die sonstigen wirtschaftlichen Nachteile zugesprochen werden. Die Zwangsvollstreckung ist auf Antrag des Mieters von der Hinterlegung eines diese Umzugskosten bzw. die Entschädigung deckenden Geldbetrages abhängig zu machen. Nach § 4 Abs. 5 ist der Mieter über die Zulässigkeit derartiger Anträge zu belehren. Die Kosten des Rechtsstreits können nach § 13 Abs. 3 MSchG. dem Vermieter ganz oder teilweise auferlegt werden. Die Anfechtung des Urteils nur wegen dieser Punkte erfolgt durch sofortige Beschwerde, über die nach § 1 VO. v. 26. 9. 39 (unten zu Jx) jetzt die Oberlandesgerichte zu entscheiden haben.

5. Übrigens sind die staatlichen Organe nicht auf den Weg des § 4 MSchG. angewiesen. Nach §§ 1, 2 RLeistG. v. 1. 9. 39 (RGBl. I 1645) sind die Bedarfs-

stellen, das sind Dienststellen der Wehrmacht und andere staatliche oder mit staatlichen Aufgaben betraute Stellen, zur Inanspruchnahme der im Gesetz bestimmten Leistungen gegenüber allen Reichsbewohnern berechtigt. Sie können fordern: nach § 3a den Gebrauch von Sachen jeder Art, nach § 5 die Verfügungstellung von Räumen zur Unterbringung, nach § 10 die Benutzung von Grundstücken und Gebäuden, nach § 13 die Mitbenutzung von gewerblichen und landwirtschaftlichen Betrieben. Nach § 22 werden die Leistungen mit Hilfe der zuständigen Verwaltungsbehörden oder unmittelbar angefordert, nach § 24 im Verwaltungswege gegebenenfalls erzwungen. Für die Leistung wird nach § 26 eine Vergütung oder Entschädigung gewährt. Das Verfahren zur Erlangung der Vergütung regelt § 27. Der Rechtsweg ist nach § 27 Abs. 3 ausgeschlossen.

§ 5. [1] **Will der Mieter die Mieträume untervermieten, so kann die hierzu erforderliche Erlaubnis von dem Vermieter nur aus einem wichtigen Grunde verweigert werden. Auf Antrag des Mieters[2] kann das Mieteinigungsamt die Erlaubnis ersetzen[3].**

1. **Geschichtliches.** Nach § 549 BGB. darf der Mieter ohne die Erlaubnis des Vermieters den Gebrauch der gemieteten Sache einem Dritten nicht überlassen. Verweigert der Vermieter die Erlaubnis ohne wichtigen Grund aus der Person des Dritten, so kann der Mieter mit gesetzlicher Frist kündigen. Da dieses Kündigungsrecht wegen der Wohnungsnot praktisch nur auf dem Papier stand, gewährte § 29 MSchG. dem MEA. die Macht, die Erlaubnis des Vermieters zur Raumüberlassung an einen Dritten, insbesondere zur Untervermietung zu ersetzen; doch sollte das MEA. die Erlaubnis versagen, wenn der Vermieter sie aus einem wichtigen Grunde verweigert hatte. Als die Wohnungsnot im wesentlichen behoben war, strich die NotVO. v. 8. 12. 31 (RGBl. I 699) den § 29 MSchG. Nachdem bereits der RfPr. im Runderl. 184/37 Ziff. 10 (Krieg[5] zu Ds) eingegriffen hatte, welche Bestimmungen auch heute noch zu beachten sind, stellt nunmehr obiger § 5 den alten § 29 MSchG. im wesentlichen wieder her, jedoch mit der Beschränkung, daß die Raumüberlassung lediglich zur Untermiete vom MEA. gestattet werden kann. Die Rechtsprechung zu § 29 MSchG. ist jetzt wieder verwertbar und in Anm. 2, 3 dargestellt.

2. **Antragsteller, Parteien.** Zur Stellung des Antrags ist nur der Hauptmieter, nicht der künftige Untermieter befugt. RE 17. Y. 133/24. Jeder von mehreren Mitmietern kann das Verfahren auf Ersetzung der Erlaubnis des Vermieters zur Untervermietung für sich allein beantragen und durchführen. Das gleiche gilt, wenn Ehegatten den Mietvertrag gemeinsam geschlossen haben, für jeden von ihnen. Dasselbe gilt, wenn nur die Ehefrau Mieterin ist, ihre Mietrechte aber zum eingebrachten Gute gehören. RE 17. Y. 77/29, 14/30. Ist eine Ehefrau Vermieterin und gehören die Vertragsrechte zum eingebrachten Gute, so kann der Antrag, die Erlaubnis des Vermieters zu ersetzen, sowohl gegen

beide Eheleute als auch gegen jeden von ihnen allein gestellt werden; denn es besteht keine notwendige Streitgenossenschaft zwischen den Ehegatten (ebenso auch, wenn beide Vermieter sind, und überhaupt, wenn auf der Vermieterseite mehrere Personen beteiligt sind), da die Entscheidung gegenüber den Ehegatten (und allgemein: gegenüber verschiedenen Personen auf der Vermieterseite) verschieden ausfallen kann, auch eine Ersetzung der Erlaubnis zur Untervermietung nur gegenüber einem Ehegatten (bzw. einem Teil der Vermieter) notwendig sein kann, z. B. weil der andere Ehegatte (die anderen Vermieter) die Genehmigung zur Untervermietung erteilt haben. RE 17. Y. 14/30. Verschieden davon ist die Frage, ob materiell die Erlaubnis sämtlicher Vermieter erforderlich ist. Das ist grundsätzlich zu bejahen. — Ein beim MEA. anhängiges Verfahren auf Ersetzung der Erlaubnis zur Untervermietung wird durch die Einleitung der Zwangsverwaltung nicht berührt. RE 17. Y. 1/30, in dessen Gründen aber gesagt ist: Nach der Beschlagnahme des Mietgrundstücks ist allerdings der Zwangsverwalter derjenige, welcher die Verwaltungshandlung der Erteilung der Erlaubnis vorzunehmen hat, und ist eine von dem Eigentümer nach der Beschlagnahme erteilte Erlaubnis oder Ersetzung derselben dem Zwangsverwalter gegenüber unwirksam. Der Mieter wird daher prüfen müssen, ob die Fortsetzung des Verfahrens gegen den Vermieter noch Zweck für ihn hat, oder ob es sich empfiehlt, statt dessen, weil in Kürze nicht mit einer Aufhebung der Beschlagnahme zu rechnen ist, das Verfahren gegen den Vermieter nicht fortzusetzen, sondern ein neues gegen den Zwangsverwalter einzuleiten. Eine Beteiligung des Zwangsverwalters an dem anhängigen Verfahren gegen den Vermieter durch Beitritt ist nicht möglich.

3. Zulässigkeit der Ersetzung.

a) **Allgemeines.** Die Erlaubnis des Vermieters zur Untervermietung kann auch dann ersetzt werden, wenn die Befugnis zur Überlassung des Raumes vor oder nach Inkrafttreten der VO. v. 5. 9. 39 im Vertrag ausgeschlossen worden ist; denn eine solche Vereinbarung stellt einen Verzicht auf ein dem Mieter zustehendes Recht dar, der nach § 49 MSchG. unwirksam ist. RE 17. Y. 84/24. Die Erlaubnis zur Untervermietung kann ferner auch dann ersetzt werden, wenn die Erlaubnis nach Ansicht des Mieters zwar erteilt, aber trotzdem ein berechtigtes Interesse des Mieters an ihrer Ersetzung gegeben ist. RE 17. Y. 93/27. Die Erlaubnis kann auch dann ersetzt werden, wenn der Raum für besondere Zwecke zu vorübergehendem Gebrauch, z. B. an Sommergäste, untervermietet werden soll. RE 17. Y. 84/27. Sie kann mit zeitlicher Beschränkung ersetzt werden. Dabei erübrigt sich die Entscheidung des MEA. und der Beschwerdestelle nicht durch den Ablauf der Zeit, für welche die Ersetzung beantragt oder erfolgt ist. RE 17. Y. 24/27. Die Erlaubnis des Vermieters kann auch noch nach Einzug des Untermieters vom Hauptmieter beantragt und vom MEA. ersetzt werden und wirkt dann zurück. RG. **26** 21, **29** 177, OLG. **45** 225.

Da die Bestimmungen des MSchG. durch §§ 1, 9 dieser VO. grundsätzlich auf alle Arten von Miete und Pacht über Räume ausgedehnt sind, kann jetzt die

Erlaubnis zur Untervermietung bei Geschäfts- bzw. Gewerberaum, ferner auch zur Überlassung für andere als Wohnzwecke, desgleichen auch zur Unterpacht ersetzt werden. Die RE 17. Y. 80/24, 14/25, 61/27, die zu dem früheren § 29 MSchG. ergangen sind, haben ihre Bedeutung verloren. Hingegen kann auch jetzt die Erlaubnis des Vermieters nicht ersetzt werden, wenn die Untervermietung gegen die Bestimmungen einer Wohnungsordnung, z. B. derjenigen für die Stadt Berlin v. 18.8.28 (Krieg [5] zu Ha), verstößt. RE 17. Y. 101/28. Ebenso DMietR. **30** 1073: wenn die Ersetzung zu einer Überbelegung führen würde. Die Rechtsbeschwerde kann auch darauf gestützt werden, daß das MEA. die Bestimmungen der Wohnungsordnung nicht beachtet hat. Das MEA. kann Ausnahmen von den Bestimmungen der Wohnungsordnung nicht zulassen. RE 17. Y. 103/28. Es kann ferner nicht die Erlaubnis des Vermieters zur Übertragung der Mietrechte auf einen Dritten ersetzt werden. RE 17. Y. 29/27. Anders als nach dem früheren § 29 Abs. 1 MSchG. (vgl. Anm. 1) ist durch den jetzigen § 5 Satz 2 überhaupt nur die Erlaubnis zur Untervermietung, nicht zu einer sonstigen Raumüberlassung ersetzbar. Der RE 17. Y. 24/30 ist also nicht mehr maßgebend. Es kann ferner nicht die Erlaubnis zur Untervermietung für mitvermietete Möbel und ähnliche Gegenstände, die zugleich mit den Räumen dem Mieter überlassen worden sind, ersetzt werden. RE 17. Y. 152/25.

Eine Ersetzung ist nicht mehr möglich, wenn das Mietverhältnis aufgehoben ist. RE 17. Y. 97/26. Wohl aber kann die Erlaubnis des Vermieters zur Untervermietung ersetzt werden, wenn der Mieter sich in einem Vergleiche zur Herausgabe des Mietraumes verpflichtet hat, der Herausgabeanspruch des Vermieters aber bei pünktlicher Zahlung des Mietrückstandes gehemmt ist und nach Tilgung des Rückstandes erlischt. Denn in einem solchen Falle ist das bisherige Mietverhältnis noch nicht endgültig aufgehoben, sondern wird vorläufig fortgesetzt, und der Mieter hat während der Fortsetzung noch die Rechte, auf die er nach § 49 MSchG. nicht wirksam verzichten kann. RE 17. Y. 12/29.

b) **Umfang der Ersetzung.** Das MEA. kann die Erlaubnis nicht allgemein, sondern nur für einen bestimmten Dritten ersetzen, weil der Vermieter Gründe zur Verweigerung seiner Erlaubnis in jedem einzelnen Falle aus der Person des jeweiligen Untermieters herleiten kann. RE 17. Y. 136/24, 138/25, 69/26 (a. A. Bay. RE VII 1/26). Nach dem RE 17. Y. 138/25 gilt dies auch bei Untervermietungen in Kur- und Erholungs- (Bade-) Orten.

c) **Wichtiger Grund zur Versagung der Erlaubnis.** Bei der Prüfung der Frage, ob die Erlaubnis vom Vermieter aus wichtigem Grunde mit Recht verweigert worden ist, ist billiges Ermessen (§ 40 Abs. 3 MSchG.) anzuwenden. Das fordert, wie die Gründe des RE 17. Y. 74/30 ausführen, die Berücksichtigung aller Umstände, ein sorgfältiges Abwägen der entgegenstehenden Interessen. Ebenso RE 17. Y. 109/28 und OLG. **45** 250, **46** 115, MG. **31** 50. Es kommt auf den Sachverhalt des Einzelfalles an.

Kein wichtiger Grund zur Verweigerung ist:

α) der Umstand, daß der Untermieter Ausländer ist, daß der Mieter nach seinen wirtschaftlichen Verhältnissen nicht auf die Untervermietung angewiesen ist. Diese wirtschaftlichen Verhältnisse können aber bei der Prüfung anderer für die Versagung vorliegender Gründe nach billigem Ermessen von Bedeutung sein. RE 17. Y. 74/30, in dessen Gründen es aber heißt: In den Fällen, in denen Ausländer als Untermieter in Betracht kommen, werden wichtige Gründe zur Versagung aus ihrer Person häufiger zu entnehmen sein als regelmäßig bei Inländern. Die Verschiedenheit der Rassen, des Standes, der Kultur bei fremden Völkern und manche andere Umstände können dafür die Ursache bilden. Die Bedeutung der Abstammung von einem bestimmten Volke mag mitunter auch örtlich verschieden zu beurteilen sein;

β) wenn dem Untermieter die ganze Wohnung überlassen werden soll. RE 17. Y. 111/28. Vgl. hierzu auch die Erl. des RArbMin. v. 14. 8. und 16. 12. 36 (Krieg[5] zu Fb und Fc) und JW. **26** 1048, MG. **26** 116;

γ) daß der Mieter die Untervermietung an den Vermieter selbst abgelehnt hat. RE 17. Y. 109/28. Aber in den Gründen heißt es auch: Anders ist es nur dann, wenn bei Versagung dieser Erlaubnis der Mieter die Wohnung aufgeben würde ... oder wenn eine auf § 4 MSchG. gegründete Aufhebungsklage auf Herausgabe der geforderten Räume schwebt und Aussicht auf Erfolg bietet. Im Einzelfalle können solche ganz besonderen Umstände es begründen, ... daß die Untervermietung an sich eine Härte für den Vermieter darstellt. Dieser Gesichtspunkt ist aber zu berücksichtigen;

δ) daß der Untermieter gleichzeitig an anderer Stelle eine eigene Wirtschaft und Haushaltung führt oder führen kann. RE 17. Y. 79/27.

d) **Maßgeblichkeit des Sachvortrags des Antragstellers.** Das MEA. hat, wenn der Antragsgegner (Vermieter) das Bestehen eines Mietverhältnisses zwischen den Parteien bestreitet, über den Bestand des Mietverhältnisses nicht zu entscheiden, sondern insoweit bei seiner Entscheidung vom Sachvortrage des Antragstellers auszugehen. RE 17. Y. 6/26. Dasselbe gilt, wenn der Mieter behauptet, es sei nach Aufhebung des Mietverhältnisses ein neues zustande gekommen. RE 17. Y. 22/30.

e) **Untermietzuschläge.** Die RE 17. Y. 91/27, 50/29 sind durch das Preisstoprecht gegenstandslos geworden. Vgl. jetzt Ziff. 9 des Runderl. 184/37 des RfPr. (Krieg[5] zu Ds) und für Berlin die VO. über Untermietzuschläge v. 4. 7. 38 (Krieg[5] zu Eb).

4. Judenrecht. Nach § 3 Satz 1 Ges. v. 30. 4. 39 (oben zu Js) dürfen Untermietverträge nur zwischen Juden abgeschlossen werden, kein Nichtjude also als Untervermieter oder Untermieter beteiligt sein. Ein dem zuwider geschlossener Untermietvertrag wäre nichtig (§ 134 BGB.). Die Erlaubnis dazu kann also auch nicht ersetzt werden. Will ein Jude an einen Juden untervermieten und ist auch der Hauptvermieter (Hauswirt) Jude, so ist dessen Erlaubnis nicht erforderlich (§ 3 Satz 2 des gen. Ges.). In den übrigen Fällen gilt der obige § 5 unbeschränkt. Im allgemeinen wird dem nichtjüdischen Hauswirt nicht zuzumuten sein, noch mehr Juden in sein Haus zu bekommen.

§ 6. (1) Stirbt der Mieter, so treten seine Familienangehörigen, bei denen die im § 19 Abs. 1 Satz 2 des Mieterschutzgesetzes bezeichneten Voraussetzungen vorliegen, in die Rechte und Pflichten des Mieters ein. In diesem Fall ist eine Kündigung des Vermieters gemäß § 569 des Bürgerlichen Gesetzbuchs nicht zulässig. Gibt ein Angehöriger binnen einer Woche, nachdem er von dem Tode des Mieters Kenntnis erlangt hat, dem Vermieter gegenüber die Erklärung ab, daß er das Mietverhältnis nicht fortsetzen wolle, so gilt hinsichtlich dieses Angehörigen der Eintritt als nicht erfolgt[1].

(2) Haben Ehegatten gemeinschaftlich gemietet und stirbt einer von ihnen, so ist der andere berechtigt, das Mietverhältnis unter Einhaltung der gesetzlichen Frist für den ersten zulässigen Termin zu kündigen. Auf eine abweichende Vereinbarung kann sich der Vermieter nicht berufen[2].

1. **Eintrittsrecht der Familienangehörigen in Mietverträge.**

a) **Recht des BGB.** Die neuen Vorschriften sind nur aus denen der Vergangenheit richtig zu verstehen und auszulegen. Nach §§ 1922, 1942 BGB. treten die Erben in die Rechte und Pflichten des Erblassers aus dem Mietvertrag für Vergangenheit und Zukunft ein. Nur durch rechtzeitige Ausschlagung der Erbschaft können die Erben diesen Eintritt vermeiden. Daneben können für die Zukunft der Vermieter wie die Erben (diese gemeinschaftlich) das Mietverhältnis mit gesetzlicher Frist, also mit Dreimonatsfrist zum Vierteljahrsschluß, kündigen (§§ 569, 565 Abs. 4 BGB.). Dieses gesetzliche Kündigungsrecht ist aber nachgiebiges Recht, kann also geändert oder ausgeschlossen werden. Das ist vielfach geschehen.

b) **Altes Mieterschutzrecht.** Diesen Zustand änderte das MSchG., soweit es sich um die ihm jeweils unterstehenden Mietverhältnisse handelte, dahin: Das gesetzliche Kündigungsrecht des Vermieters wie der Erben bleibt bestehen; es ist nunmehr sogar zwingend, also nicht mehr abdingbar. Der Vermieter sollte aber nicht kündigen können, wenn Erbe gewisse nahe Verwandte des Mieters waren, nämlich der Ehegatte oder ein volljähriger Verwandter bis zum zweiten Grade (Kinder, Enkel, Geschwister, Eltern, Großeltern), und beim Tode des Mieters zu dessen Hausstand gehört hatten. Der erbende nahe Verwandte war also gegen eine ihm nicht zusagende Lösung des Mietverhältnisses geschützt. Weiter sollte ein Erbe, der nicht Familienangehöriger war, von dem zum Hausstand des verstorbenen Mieters gehörenden Familienangehörigen die Herausgabe des Mietraums nur im Wege einer Mietaufhebungsklage verlangen dürfen. Und schließlich sollten, wenn der Vermieter (weil kein hausstandsangehöriger Verwandter Erbe ist) oder der Erbe (weil er das Mietverhältnis nicht fortsetzen will) mit gesetzlicher Frist kündigt, die hausstandsangehörigen Verwandten in die Rechte und Pflichten des Mieters kraft Gesetzes eintreten, sofern sie nicht unverzüglich nach Kenntnis von der Kündigung erklären, daß sie das Mietverhältnis nicht fortsetzen wollen. Durch diese komplizierte Regelung war also den hausstandsangehörigen Verwandten, mochten sie Erbe sein oder nicht, unter allen Umständen der Besitz der Mieträume gesichert.

c) **Neues Mieterschutzrecht.** Die Lockerung des Mieterschutzes durch die NotVO. v. 1. 12. 30 (RGBl. I 598) brachte eine erhebliche Einschränkung in dieser Sicherung der hausstandsangehörigen Verwandten. Es wurden die Vorschriften gestrichen, daß diese Verwandten, wenn sie nicht Erbe sind, gegenüber den Erben Mieterschutz genossen und bei Kündigung des Mietverhältnisses in dieses eintreten konnten. Seitdem genießen sie nach § 19 MSchG. (Krieg[5] zu Jc) nur noch Schutz gegen Kündigung des Vermieters, wenn sie Erben sind.

d) **Neuregelung.** Die heutige Notzeit ließ wieder einen verstärkten Schutz der hausstandsangehörigen nahen Verwandten (oben zu b) geboten erscheinen. Man hätte dies dadurch erreichen können, daß man wieder die Regelung zu b in Kraft setzte. Man hat das nicht getan, sondern einen einfacher erscheinenden Weg gewählt, der aber den Nachteil hat, daß er ebenso viele Auslegungsschwierigkeiten bereitet wie das frühere Recht. Seit Inkrafttreten der neuen VO., also für jeden seit dem 7. 9. 39 eingetretenen Todesfall des Mieters, treten die hausstandsangehörigen nahen Verwandten „in die Rechte und Pflichten des Mieters ein". Sie treten in unmittelbare Beziehungen zum Vermieter, werden also Hauptmieter und der Vermieter kann ihnen nicht kündigen, so daß sie sich im gesicherten Besitz der Mieträume befinden, aus denen sie nur eine Mietaufhebungsklage, wenn deren Voraussetzungen vorliegen, entfernen kann. Mehrere Personen, auf welche die Voraussetzungen zutreffen (z. B. die Witwe, die erwachsenen Kinder, die alte im Haushalt befindliche Mutter des Mieters), werden kraft Gesetzes Mitmieter, so daß sie als Gläubiger nach § 432 BGB. Gesamthandsgläubiger, als Schuldner nach § 421 BGB. Gesamtschuldner sind. Jeder einzelne dieser Vielheit von Berechtigten kann binnen einer Woche seit Kenntnis vom Tode des Mieters (die bei der Hausstandsgemeinschaft im allgemeinen — anders z. B. bei Tod im Felde oder Kriegsverschollenheit — sicher feststellbar ist) dem Vermieter erklären, er wolle das Mietverhältnis nicht fortsetzen. Damit scheidet er aus dem Kreise der zukünftigen Mitmieter aus, sein Eintritt gilt rückwirkend als nicht erfolgt. Die Rechte der übrigen hausstandsangehörigen Verwandten werden dadurch nicht berührt. Das gilt, solange auch nur einer dieser nahen Verwandten übrig ist; der setzt dann allein das Mietverhältnis des Erblassers fort. Ihm gegenüber genießen aber (mangels gesetzlicher Regelung) die Ausgeschiedenen keinen Schutz, da sie vertragslos in den Räumen sitzen.

Die VO. unterscheidet nicht, ob sämtliche hausstandsangehörige Verwandte oder einzelne von ihnen zugleich Erben des Mieters sind oder nicht. Es fragt sich deshalb, wie sich das Verhältnis der Erben als solcher zu dem Vermieter und den Hausstandsangehörigen gestaltet. Man könnte daran denken, daß die Erben trotz allem dem Vermieter gegenüber Verpflichtete aus Vergangenheit und Zukunft für die Mieterverpflichtungen bleiben und sich höchstens durch eine dem § 569 BGB. rechtsähnliche Kündigung aus der zukünftigen Haftung lösen könnten, während im internen Ausgleich die Erben für die rückständigen Verpflichtungen, die eintretenden Hausstandsangehörigen für Verpflichtungen seit dem Tode des Mieters einzustehen hätten. Diese Auslegung wäre aber gesucht und zu kompliziert und ist abzulehnen. Das frühere Recht hatte den Hausstandsangehörigen den Eintritt in das Mietverhältnis erst gestattet, nachdem der Erbe gekündigt hatte (oben zu b). Daraus muß man schließen, daß in diesem Fall der Erbe und die Hausstandsangehörigen nicht gleichzeitig Mieterrechte und -pflichten haben sollten; sie lösten einander an dem Tage ab, zu dem der Erbe gekündigt hatte. Heute ist das Eintrittsrecht der Hausstandsangehörigen an die Spitze gestellt; heute können sie den Erben verdrängen. Daß sie dies wollen, gilt dem Gesetzgeber als so selbstverständlich, daß es einer gegenteiligen Erklärung bedarf, um die gesetzliche Folge auszuschließen. Erfolgt sie nicht, so muß auch jetzt der Erbe als endgültig aus dem Mietverhältnis ausgeschieden gelten. Das neue Recht hat also nur den Zeitpunkt des Eintritts vorverlegt, aber ein Nebeneinander von Erbe und Hausstandsangehörigen im Mietverhältnis gibt es auch heute nicht.

Wie rechtlich der „Eintritt in die Rechte und Pflichten des Mieters" zu verstehen ist, ist sehr zweifelhaft. Man könnte annehmen, daß die Hausstandsangehörigen in einer Art von (aus der Erbschaft herausgenommener) Sonderrechtsnachfolge (vgl. z. B. das Erbhofrecht) hinsichtlich des Mietverhältnisses die Persönlichkeit des Erblassers fortsetzen und deshalb allein für die rückständigen wie die zukünftigen Mieterpflichten aufzukommen haben. Dem ist aber nicht so. Schon nach früherem Recht (oben zu b) nahm die Rechtslehre fast einhellig an, daß die Hausstandsangehörigen (trotz gleichen Gesetzeswortlauts) nicht Rechtsnachfolger des Mieters seien und für Mietrückstände nicht hafteten. Das muß auch heute gelten. Der Gesetzgeber hätte sicher einen anderen Wortlaut gewählt, wenn er die damalige Auslegung nicht billigen wollte. Auch heute ist im übrigen der Erbe der Alleinnachfolger des Mieters, wie sich dann zeigt, wenn alle Hausstandsangehörigen den Eintritt in das Mietverhältnis ablehnen: dann haftet der Erbe aus dem Mietvertrag für Vergangenheit und Zukunft und kann sich nur durch Kündigung nach § 569 BGB. vom Vertrage lösen. Man muß deshalb annehmen, daß es sich bei dem Eintrittsrecht der Hausstandsangehörigen um ein eigenartiges Recht handelt, sich für die Zukunft in ein Mietverhältnis einzuschalten. Für die bis zum Tode des Mieters entstandenen Verbindlichkeiten haftet also allein der Erbe und besteht das gesetzliche Pfandrecht der eingebrachten Nachlaßsachen. Für die zukünftigen Pflichten aber haben allein die eintretenden Hausstandsangehörigen aufzukommen. Mit dieser Lösung sind auch die für den Vermieter schwerwiegenden Folgen des Gesetzes auf ein einigermaßen erträgliches Maß gemildert. Er muß es schon dulden, daß ein vielleicht völlig vermögensloser Mieter ihm aufgezwungen wird.

Der Hausstandsangehörige, der nicht Erbe ist und den Eintritt in das Mietverhältnis ablehnt, sitzt vertragslos in den Räumen. Der Vermieter kann ihn mit der einfachen Herausgabeklage entfernen; für ihn gilt § 27 MSchG. (Krieg [5] zu Jc) nicht, weil dort mietrechtliche Beziehungen der Prozeßparteien vorausgesetzt werden.

e) **Einschränkung dieser Rechtslage.** Seit dem 28. 9. 39 ist in Kraft die VO. v. 26. 9. 39 (unten zu Jx). Deren § 3 schließt die Anwendbarkeit des eben erörterten § 6 Abs. 1 aus, „wenn einer der Familienangehörigen Erbe des des Mieters ist". Das ist zweifellos eine Gesetzesänderung und keine bloße Erläuterung. Für alle Todesfälle des Mieters zwischen dem 7. und 27. 9. 39 gilt also uneingeschränkt das zu d Gesagte. Für Todesfälle seit dem 28. 9. 39 gilt dagegen § 6 Abs. 1 nicht mehr, wenn auch nur einer der Hausstandsangehörigen Alleinerbe oder Miterbe neben irgendwelchen anderen Personen (seien es ebenfalls Hausstandsangehörige oder Hausstandsfremde) ist. Der der neuen Vorschrift zugrunde liegende Gedanke liegt auf der Hand: Ist auch nur e i n e r der Hausstandsangehörigen irgendwie als Alleinerbe oder Miterbe am Nachlaß des Mieters beteiligt, so kann der Vermieter schon nach § 19 MSchG. nicht kündigen. Und da anderseits nur alle Erben zusammen kündigen können, so können sie dem hausstandsangehörigen Miterben gegen dessen Willen die Wohnung jedenfalls durch Kündigung nicht entziehen. Dieser Miterbe aber sichert wieder auch den übrigen nichterbenden Hausstandsangehörigen den Besitz. Es bleibt also in diesem Falle a l l e i n bei der Regelung, die § 19 MSchG. (oben zu b, c) getroffen hat. Beispiel: Der Mieter stirbt ohne Testament; in der Wohnung befinden sich die Frau und die alte Mutter des Mieters, ein Sohn hat bereits eigene Wohnung. Hier sitzt die Frau als Miterbin im gesicherten Besitz der Wohnung, weil der Vermieter ihr nicht kündigen kann, und anderseits kann auch der Sohn als Miterbe gegen den Willen der Mutter nicht kündigen; damit ist auch seiner Großmutter die Unterkunft erhalten. Das klingt einfach, in Wirklichkeit ist aber die Sicherstellung der Hausstandsangehörigen erheblich geringer als nach dem Recht vor 1930 (oben zu b). Entschließt sich nämlich der hausstandsangehörige Erbe (Miterbe) dazu, selbst zu kündigen (oder sich an einer Kündigung der Miterben zu beteiligen), so fehlt jetzt den übrigen Hausstandsangehörigen das ihnen früher gewährte Eintrittsrecht in das Mietverhältnis. Kündigen also im obigen Beispiel Mutter und Sohn, so ist die Großmutter nunmehr schutzlos der einfachen Herausgabeklage des Vermieters ausgesetzt. Diese aus der Abweichung vom früheren Zustand sich ergebende Folge kann dem Gesetzgeber nicht entgangen sein, sie muß also als gewollt hingenommen werden. Ein Grund hierfür ist schwer ersichtlich; vielleicht liegt er in der in solchem Falle besonders großen Gefährdung des zukünftigen Mietzinses. Dieses kaum zu bezweifelnde Ergebnis wird man nicht übersehen dürfen, wenn man entscheiden soll, wie sich die Rechtslage gestaltet, wenn der hausstandsangehörige Erbe zwar nicht kündigt, aber die Erbschaft ausschlägt. Das wirkt nach § 1953 Abs. 1 BGB. auf den Todestag zurück, so daß der Anfall der Erbschaft an den Ausschlagenden als gar nicht erfolgt gilt. Nunmehr ist (rückwirkend betrachtet) kein hausstandsangehöriger Erbe mehr da, so daß dem Wortlaut nach die Ausnahmeregel in § 3 VO. v. 26. 9. 39 (unten zu Jx) nicht Platz zu greifen hätte. Kann also in obigem Beispiel die Witwe die Erbschaft ausschlagen und nunmehr nach § 6 Abs. 1 als hausstandsangehöriger Nichterbe die Wohnung begehren? Gilt das letztere auch von der Mutter des Mieters? Können beide noch den Eintritt in das Mietverhältnis ablehnen? Man wird alle Fragen verneinen müssen. Zieht man heran, was oben zu den Folgen einer Kündigung gesagt ist, so hält der Gesetzgeber es für ausreichend, daß jemand, der als Erbe berufen ist, sich und den anderen Hausstandsangehörigen den Besitz der Wohnung sichern kann. Diese Möglichkeit bereits schließt § 6 Abs. 1 aus. Macht der Erbe, ganz gleich aus welchen Erwägungen, hiervon keinen Gebrauch (indem er kündigt oder ausschlägt), so eröffnet das allein noch nicht das Eintrittsrecht nach § 6 Abs. 1. Es ist auch schwerlich billig, dem ausschlagenden Erben auf einem Umweg trotzdem die Wohnung zu sichern. Hinzu kommt, daß das Eintrittsrecht des Hausstandsangehörigen ohne gleichzeitige Ablehnungsmöglichkeit nicht denkbar ist. Diese kurz bemessene Ablehnungsfrist aber läuft bereits von Kenntnis des Sterbefalls an; eine Anknüpfung an spätere Ereignisse, wie die Erbschaftsausschlagung, ist nicht vorgesehen.

2. **Pachtverhältnisse.** Beim Tode des Pächters kann der Verpächter nicht kündigen (§ 596 Abs. 2 BGB.). Diese Vorschrift ist nachgiebigen Rechtes, kann also vertraglich geändert werden. § 9 der jetzigen VO. dehnt die Anwendbarkeit dieser VO. und des 1. Abschnitts des MSchG. (Krieg[5] zu Jc) auf Pacht- und Unterpachtverhältnisse aus, nimmt aber gerade wieder § 6 Abs. 1 aus. Ein Eintrittsrecht der nichterbenden Hausstandsangehörigen kommt also nicht in Frage. Die Rechtsbeziehungen wickeln sich allein zwischen dem Verpächter und den Erben des Pächters ab. Dabei ist nunmehr auch § 19 MSchG. anzuwenden. Die Erben können also kraft zwingenden Rechts mit gesetzlicher Frist kündigen, also mit Sechsmonatsfrist zum Ende des Pachtjahrs (§§ 569, 595 Abs. 1 BGB.), sofern ihnen der Vertrag hierfür keine günstigeren Bedingungen gewährt. Der Verpächter kann, wie schon gesagt, nach dem Gesetz nicht kündigen. Ist ihm dieses Recht aber vertraglich eingeräumt, so muß man § 19 MSchG. rechtsähnlich anwenden. Bezieht sich also die Pacht (Unterpacht) auf Geschäftsräume, was wohl fast stets der Fall sein wird, so kann der Verpächter nicht kündigen, wenn der Erbe das Geschäft fortführt, wofür ihm eine angemessene Überlegungsfrist zu lassen ist. Sollte es sich ausnahmsweise nicht um Geschäftsräume handeln, so kann der Verpächter den erbenden hausstandsangehörigen nahen Verwandten nicht kündigen.

3. **Geschäftsräume.** Begriff des Geschäftsraums: Krieg[5] zu Ac § 16 Anm. 15. Für verpachtete Geschäftsräume gilt Anm. 2. Für vermietete Geschäftsräume enthält § 6 VO. v. 5. 9. 39 keine Sonderbestimmungen. Es galt deshalb dasselbe wie für Wohnungen (Anm. 1). Das mußte zu schweren Unzuträglichkeiten führen, wenn der hausstandsangehörige Nichterbe in das Mietverhältnis eintrat, während doch der Geschäftsbetrieb als solcher auf den Erben überging. Diese Schwierigkeiten beseitigt mit Wirkung

für die seit dem 28. 9. 39 eingetretenen Sterbefälle der § 3 VO. v. 26. 9. 39 (unten zu Jx). Danach soll § 6 Abs. 1 VO. v. 5. 9. 39 nicht gelten, wenn sich das Mietverhältnis auf Geschäftsräume bezieht. Nach ihrem offenbaren Sinn und Zweck soll die neue Vorschrift sich nicht bloß auf r e i n e n Geschäftsraum beziehen, in dem ja schwerlich ein Hausstand geführt wird, sondern auch auf sog. g e m i s c h t e R ä u m e, d. h. Geschäftsräume, die Teile einer Wohnung bilden oder wegen ihres wirtschaftlichen Zusammenhanges mit Wohnräumen zugleich mit solchen vermietet sind (Krieg [5] zu Ac § 16 Anm. 16 ff.). Für diese Geschäftsräume gilt also nunmehr folgendes, soweit sie unter Mieterschutz stehen: Ein Eintrittsrecht der Hausstandsangehörigen kommt nicht in Frage. Die Rechtsbeziehungen wickeln sich allein zwischen dem Vermieter und den Erben des Mieters ab. Die Erben können kraft zwingenden Rechts mit gesetzlicher Frist kündigen (§§ 569, 565 BGB., § 19 Abs. 1 MSchG.), sofern ein vertragliches Kündigungsrecht nicht noch günstiger für sie ist. Der Vermieter kann kraft zwingenden Rechts mit gesetzlicher Frist kündigen, aber dann nicht, wenn der Erbe das Geschäft fortführt, wofür ihm eine angemessene Überlegungsfrist zu lassen ist.

4. **Ehegatten als Mieter (Pächter).** Sind mehrere Personen Mieter oder Pächter und stirbt einer von ihnen, so kann der Vermieter (Verpächter) nicht kündigen, da wegen des jetzigen umfassenden Mieterschutzes (auch für Pachtverhältnisse, § 9) nur durch Mietaufhebungsklage die Beziehung zu dem überlebenden Mieter (Pächter) gelöst werden könnte (§§ 1, 1 p MSchG.). Ob anderseits das ganze Mietverhältnis (Pachtverhältnis) allein von den Erben des Verstorbenen oder allein von dem überlebenden Mitmieter (Mitpächter) mit Rücksicht auf den Todesfall gekündigt werden kann, ist streitig (vgl. RG. **90** 328). Die schwere Belastung, die das Durchhaltenmüssen des Vertrags, zumal in Notzeiten, für den überlebenden Ehegatten, der auch selbst Vertragsteil ist, mit sich bringen kann, hat nunmehr den Gesetzgeber veranlaßt, den überlebenden Ehegatten zwingend zu ermächtigen, das g a n z e Vertragsverhältnis mit gesetzlicher Frist zu kündigen. Die Erben des Verstorbenen haben nicht mitzureden und kein Widerspruchsrecht. Auch ein Eintrittsrecht von Hausstandsangehörigen (§ 6 Abs. 1) kommt hier nicht in Frage.

§ 7. Wird ein Mietverhältnis über Geschäftsräume lediglich auf Grund des § 4 Abs. 1 des Mieterschutzgesetzes aufgehoben, so kann das Gericht auf Antrag des Mieters, soweit es zum Ausgleich unbilliger Härten erforderlich ist, den Vermieter außer zum Ersatz von Umzugskosten zur Leistung einer angemessenen Entschädigung für die sonstigen wirtschaftlichen Nachteile verpflichten, die der Mieter durch den Verlust der Räume erleidet [1]. Die Vorschriften der § 4 Abs. 4 bis 6, § 6 Abs. 2 Satz 1, 3 und 4, § 14 Abs. 1 bis 3 und § 16 des Mieterschutzgesetzes [2] gelten entsprechend [3].

1. Nach dem Rechte des BGB. ließen sich Ersatzansprüche des räumungspflichtigen Inhabers eines Geschäfts- oder Gewerbebetriebs insbesondere für die sachlich nicht greifbaren Werte, wie des Kundenkreises, des Rufes des Unternehmens, des Verlustes der angebahnten Geschäftsverbindungen usw., das sog. „goodwill", nicht begründen (vgl. GE. **39** 291; a. A. die in GE. **38** 815 angef. Entsch.). Einen Ausgleich suchten bereits § 7 VO. des RfPr. v. 24. 6. 39 (oben zu Ju) und Ziff. 18 ff. seines RErl. 66/39 v. 8. 7. 39 (oben zu Jv) zu schaffen. Nachdem nunmehr Mietverhältnisse und auch Pachtverhältnisse (§ 9) allgemein wieder unter Mieterschutz gestellt sind, geht der Gesetzgeber so weit, bei erfolgreicher Eigenbedarfsklage des Vermieters (§ 4 MSchG.) diesen nicht bloß zu verpflichten, gegebenenfalls die Umzugskosten des Mieters zu erstatten, sondern auch letzteren zu entschädigen, soweit es zum Ausgleich unbilliger Härten erforderlich ist. Der entstehende Schaden kann in weitestem Sinne ausgeglichen werden; vgl. die Fälle in Anm. 1, aber auch teurere Miete der neuen Räume, notwendige Anschaffung neuen Inventars, ja sogar nicht vermeidbare völlige Aufgabe des Geschäfts. Übrigens werden die in Anm. 1 erwähnten Vorschriften des RfPr. oft als Anhaltspunkte beachtlich sein. — § 7 gilt auch dann, wenn die Mietaufhebung für kriegswirtschaftliche Zwecke (§ 4) erfolgt.

2. Krieg [5] zu Jc. Also: auf Antrag des Mieters ist die Zwangsvollstreckung von der Hinterlegung eines entsprechenden Geldbetrags abhängig zu machen (§ 4 Abs. 4); der Mieter ist zu belehren, daß er Entschädigung und Hinterlegung fordern kann (§ 4 Abs. 5); die Hinterlegung kann durch einstweilige Verfügung angeordnet werden (§ 4 Abs. 6); vollstreckbare Ausfertigung zum Zwecke der Räumung darf erst nach Hinterlegung auf richterliche Anordnung erteilt werden (§ 16); soll das Urteil allein wegen der Entscheidung zur Entschädigungsfrage angefochten werden, so ist die sofortige Beschwerde das gegebene Rechtsmittel (§ 14), über die nach § 1 VO. v. 26. 9. 39 (unten zu Jx) jetzt die Oberlandesgerichte zu entscheiden haben; die Pflicht zur Entschädigung kann aufgehoben werden, wenn der Mieter nachträglich gegen §§ 2, 3 MSchG. verstößt (§ 6 Abs. 2).

3. Wegen früher gemäß § 19 VO. des RfPr. v. 24. 6. 39 (oben zu Ju) ergangener Entscheidungen, Vergleiche, Verpflichtungserklärungen des Vermieters vor den Preisbehörden vgl. § 2 VO. v. 26. 9. 39 (unten zu Jx).

§ 8. (1) Die Vorschriften über den Kündigungsschutz gelten auch, wenn die Kündigung vor Inkrafttreten dieser Verordnung für einen nach dem 31. August 1939 liegenden Zeitpunkt ausgesprochen ist, es sei denn, daß die Räumung bereits erfolgt ist. Beim Vorliegen eines Mietaufhebungsgrundes kann der Vermieter die Aufhebung des Mietverhältnisses für den Zeitpunkt begehren, für den die Kündigung ausgesprochen war. Ist ein Räumungsprozeß anhängig, so kann der Kläger von der Räumungsklage zur Mietaufhebungsklage übergehen. Nimmt der Kläger die Räumungsklage zurück, so werden die Gerichtskosten niedergeschlagen und die außergerichtlichen Kosten gegeneinander aufgehoben. § 271 Abs. 1 der Zivilprozeßordnung findet keine Anwendung[1,2].

(2) Die Verordnung über Maßnahmen der Preisbehörden bei Kündigungen von Miet- und Pachtverhältnissen vom 19. April 1939 (Reichsgesetzbl. I S. 799) und die dazu ergangenen Durchführungsbestimmungen treten bis auf weiteres außer Kraft. Sie sind nur noch zur Beendigung solcher Verfahren anzuwenden, bei denen die Kündigung für einen vor dem 1. September 1939 liegenden Zeitpunkt ausgesprochen ist[3,4].

1. **Übergangsrecht.** Die VO. v. 4. 12. 37 (Krieg[5] zu Jk) enthielt keine Übergangsbestimmungen, so daß Schwierigkeiten entstanden (GE. **38** 246 und anderseits JW. **38** 460). Deshalb ist jetzt eine Übergangsregelung erfolgt.

a) Hat der Vermieter zu einem vor dem 1. 9. 39 liegenden Zeitpunkt gekündigt oder ist vor diesem Tage ein Vertrag ohne Kündigung abgelaufen, so bleibt es dabei. Der erweiterte Mieterschutz der VO. v. 5. 9. 39 greift nicht ein. Es kann auf Räumung geklagt und ein schon schwebender Räumungsprozeß fortgesetzt werden. Anderseits läuft auch ein am 7. 9. 39 (wo die VO. v. 5. 9. 39 in Kraft trat) bereits vor der Preisbehörde gemäß der VO. v. 19. 4. 39 (oben zu Jt) schwebendes Verfahren auf Unwirksamerklärung der Kündigung weiter. Neue Verfahren dieser Art sind aber nicht mehr möglich.

b) Hat der Vermieter zu einem nach dem 31. 8. 39 liegenden Zeitpunkt gekündigt oder läuft der Vertrag nach diesem Tage ohne Kündigung ab und ist die Räumung spätestens am 6. 9. 39 erfolgt, so tritt ebenfalls kein erweiterter Mieterschutz ein. Die Ausführungen zu a gelten entsprechend. Das kann von Bedeutung sein, wenn der Mieter z. B. die Kündigung bemängelt hat und unter Vorbehalt seiner Rechte ausgezogen ist.

c) Hat der Vermieter (ohne daß schon geräumt ist) überhaupt noch nicht oder zu einem nach dem 31. 8. 39 liegenden Zeitpunkt gekündigt oder würde der Vertrag nach diesem Zeitpunkt ohne Kündigung ablaufen, so tritt der erweiterte Mieterschutz ein. Eine Ausnahme von dem erweiterten Mieterschutz gilt wiederum, wenn die Preisbehörde vor dem 7. 9. 39 rechtskräftig über die Kündigung entschieden oder bis dahin einen Vergleich oder eine Verpflichtungserklärung des Vermieters aufgenommen hat (§ 2 VO. v. 26. 9. 39, unten zu Jx). Sonst aber ist ein nach der VO. v. 19. 4. 39 (oben zu Jt) vor der Preisbehörde schwebendes Verfahren auf Unwirksamerklärung der Kündigung einzustellen, weil die VO. außer Kraft gesetzt ist und zudem nach ihrem § 9 für unter Mieterschutz stehende Mietverhältnisse nicht gegolten hat. Eine schon schwebende Räumungsklage ist (als durch Gesetzesänderung unbegründet geworden) auf Kosten des Vermieters abzuweisen. Nimmt er sie aber zurück, was er hier in jeder Lage des Verfahrens ohne Zustimmung des Gegners darf, so werden die Gerichtskosten niedergeschlagen und die außergerichtlichen Kosten gegeneinander aufgehoben, ohne daß geprüft werden darf, ob die Klage nicht etwa aussichtslos war. Schließlich darf der Vermieter, wenn er sich davon Erfolg verspricht, zur Mietaufhebungsklage nach §§ 2, 3, 4 MSchG. oder § 4 VO. v. 4. 12. 37 (Krieg [5] zu Jk) übergehen.

2. Rechte des Mieters. Das Kündigungsrecht des Mieters ist nie durch Mieterschutzbestimmungen eingeschränkt worden, und das gilt auch jetzt. Eine nach materiellem Recht begründete Kündigung des Mieters löst also auch heute noch das Mietverhältnis und eröffnet den Weg zur einfachen Räumungsklage.

3. Aufhebung des Kündigungsschutzes. Die VO. v. 19. 4. 39 und ihre Durchführungsbestimmungen (oben zu Jt, Ju, Jv) sind „bis auf weiteres" außer Kraft gesetzt, soweit nicht die in Anm. 1 zu a erörterte Ausnahme gilt. Die VO. v. 5. 9. 39 ist laut ihren Eingangsworten im Einvernehmen mit dem RfPr. ergangen, er hat also die völlige Außerkraftsetzung seiner VO.en gebilligt. Das ist deshalb wichtig, weil der Kündigungsschutz, den der RfPr. geschaffen hatte, weiter ging als der jetzt als Ersatz eingeführte erweiterte Mieterschutz. Es genießen also jetzt keinen Kündigungsschutz mehr:

a) Untermiet- und Unterpachtverhältnisse, bei denen der Untermieter (Unterpächter) die Räume nicht ausgestattet hat oder in ihnen keine selbständige Wirtschaft führt,
b) Räume, die für besondere Zwecke zu vorübergehendem Gebrauch vermietet sind,
c) Räume in Gebäuden, die im Eigentum des Reichs usw. stehen,
d) Raumüberlassungsverträge nach der VO. v. 31. 8. 38 (Krieg [5] zu Jl),
e) gewerblich genutzte, unbebaute Grundstücke.

4. Mietzinsüberwachung im Kriege. Der RfPr. hat sein Einverständnis mit der Beseitigung des von ihm geschaffenen Kündigungsschutzes noch besonders erklärt in seinem

Runderl. Nr. 92/39, betr. Mietzinsüberwachung und Mietzinsbildung im Kriege, vom 15. September 1939.

(MittBl. d. RfPr. 1939 Teil II Nr. 20 v. 18. 9. 39 S. 220.)

An die Stadt- und Landkreise — Preisbehörden —, nachrichtlich den Preisbildungs- und Preisüberwachungsstellen.

I. Ausdehnung des Mieterschutzes.

Die im Einvernehmen mit mir ergangene 3. VO. zur Ausf. der VO. über KündSchutz für Miet- und Pachträume v. 5. 9. 39 (RGBl. I S. 1670) dehnt den Mieterschutz auf nahezu alle Mietverhältnisse aus. Die KündSchutzVO. ist deshalb einstweilen außer Kraft gesetzt worden. Die Preisbehörden haben demgemäß bei Kündigungen künftig nicht mehr einzugreifen (vgl. Ziff. 16 des Runderlasses Nr. 184/37).

Bereits anhängige Verfahren, in denen die Kündigung für einen vor dem 1. 9. 39 liegenden Zeitpunkt ausgesprochen ist, sind nach den Vorschriften der KündSchutzVO. sowie der dazu ergangenen DurchfVO. zu Ende zu führen. Schwebende Verfahren, in denen die Kündigung für einen nach dem 31. 8. 39 liegenden Zeitpunkt ausgesprochen ist, sind dagegen für erledigt zu erklären.

In diesen Fällen sind die Kosten des Verfahrens niederzuschlagen, bereits gezahlte Kosten sind zurückzuerstatten. Den Parteien ist hiervon nach folgendem Muster Kenntnis zu geben: ...

II. Fühlungnahme mit den Fürsorgebehörden.

Die Preisbehörden sollen mit den für die Gewährung der Familienunterstützung, insbesondere der Mietbeihilfen zuständigen Fürsorgebehörden ständig Fühlung halten. Über besondere Beobachtungen ist mir umgehend zu berichten.

§ 9. Der 1. Abschnitt des Mieterschutzgesetzes und die Vorschriften dieser Verordnung mit Ausnahme des § 6 Abs. 1 gelten entsprechend für Pachtverhältnisse und Unterpachtverhältnisse über Räume[1].

1. Pacht- und Unterpachtverhältnisse genießen also genau denselben Schutz wie Miet- und Untermietverhältnisse. Alleinige Ausnahme ist, daß Familienangehörige des verstorbenen Pächters, die nicht Erben sind, nicht in die Rechte und Pflichten aus dem Pachtvertrag eintreten können (erläutert in Anm. 2 zu § 6).

Berlin, den 5. September 1939.

Der Reichsminister der Justiz
Dr. Gürtner
Der Reichsarbeitsminister
Franz Seldte

Jx.

Vierte Verordnung zur Ausführung der Verordnung über Kündigungsschutz für Miet- und Pachträume*).

VO. des RJustMin. und des RArbMin. vom 26. September 1939 (RGBl. I 1937 = RArbBl. I 464).

In Kraft seit 28. 9. 39, da die die VO. enthaltende Nr. 190 des RGBl. am 27. 9. 39 ausgegeben ist.

Auf Grund des Artikels I der Verordnung über Kündigungsschutz für Miet- und Pachträume vom 28. August 1937 (Reichsgesetzbl. I S. 917)[1] wird folgendes verordnet:

1. Krieg [5] zu Ji.

---

*) Betrifft nicht die Ostmark und den Reichsgau Sudetenland.

§ 1. Über die sofortige Beschwerde gemäß § 4 Abs. 5, § 6 Abs. 1 und 2, § 13 Abs. 3 des Mieterschutzgesetzes[1] entscheidet während der Geltung der Verordnung über Maßnahmen auf dem Gebiete der Gerichtsverfassung und der Rechtspflege vom 1. September 1939 (Reichsgesetzbl. I S. 1658) das Berufungsgericht[2, 3]. § 11 der Verordnung gilt auch im Verfahren über die sofortige Beschwerde[4].

1. **Sofortige Beschwerden.** Das MSchG. (Krieg[5] zu Jc) behandelt folgende sofortige Beschwerden:

§ 4 Abs. 5 Satz 2: Umzugskosten; dazu auch Umzugskosten und Entschädigung eines Mieters (Pächters) von Geschäftsräumen nach § 7 VO. v. 5. 9. 39 (oben zu Jw),

§ 6 Abs. 1 Satz 2: Gewährung oder Versagung einer Räumungsfrist,

§ 6 Abs. 2: nachträgliche Aufhebung der Räumungsfrist bzw. der Vollstreckungsbeschränkung durch Hinterlegung eines Umzugsbeitrags,

§ 13 Abs. 3: die von der Regel des § 91 ZPO. abweichende Kostenentscheidung bei einer Mietaufhebung nach § 4 MSchG.

2. **Zuständigkeit.** Der § 9 der genannten, am 6. 9. 39 in Kraft getretenen VO. überweist den Oberlandesgerichten die Entscheidung über das Rechtsmittel der Berufung gegen Entscheidungen der Amtsgerichte. In Mieterschutzsachen sind nunmehr die Oberlandesgerichte auch zur Rechtsmittelinstanz für sofortige Beschwerden in den oben (Anm. 1) genannten Fällen erklärt. Für alle übrigen einfachen und sofortigen Beschwerden, z. B. gegen Entscheidungen über den Kostenpunkt gemäß § 99 Abs. 3 ZPO. (vgl. aber oben Anm. 1 wegen § 13 Abs. 3 MSchG.) und wegen Verweigerung des Armenrechtes in einer Mieterschutzsache, bleiben die Zivilkammern der Landgerichte zuständig, die nunmehr gemäß § 5 der erwähnten VO. v. 1. 9. 39 in der Besetzung mit einem Richter entscheiden.

3. **Rechtsbeschwerden.** Für deren Entscheidung hat der RJustMin. durch die Allg. Verf., betr. Besetzung des Landgerichts als Beschwerdestelle in Mieteinigungssachen, v. 30. 9. 39 (DJ. 1582) angeordnet:

Beschwerdestelle in Mieteinigungssachen ist das Landgericht. Es entscheidet in der Besetzung von drei Richtern. Der Landgerichtspräsident bestellt den Vorsitzenden und die Beisitzer sowie deren Stellvertreter aus der Zahl der Richter des Landgerichts.

4. **Anwaltsvertretung.** Der § 11 lautet:

Im Verfahren der Oberlandesgerichte über die Berufung gegen eine Entscheidung des Amtsgerichts in bürgerlichen Rechtsstreitigkeiten können auch die Rechtsanwälte die Vertretung der Parteien übernehmen, die bei dem dem Amtsgericht übergeordneten Landgericht zugelassen sind.

§ 2. (1) Rechtskräftige Entscheidungen der Preisbehörden, die auf Grund der Verordnung über Maßnahmen der Preisbehörden bei Kündigungen von Miet- und Pachtverhältnissen vom 19. April 1939 (Reichsgesetzbl. I S. 799) erlassen sind, sind auf Antrag für vollstreckbar zu erklären. Das gleiche gilt für Vergleiche und Verpflichtungserklärungen des Vermieters, die zu Protokoll der Preisbehörde genommen sind[1]. Beruht die Entscheidung, der Vergleich oder die Verpflichtungserklärung auf einer Kündigung, die für einen nach dem 31. August 1939 liegenden Zeitpunkt ausgesprochen ist, so ist dem Antrag nur stattzugeben, wenn durch eine Bescheinigung der Preisbehörde nachgewiesen ist, daß die Entscheidung vor dem 7. September 1939[2] rechtskräftig geworden ist, oder wenn der Vergleich oder die Verpflichtungserklärung vor diesem Zeitpunkt zu Protokoll genommen ist; in diesen Fällen findet § 8 Abs. 1 Satz 1 der Dritten Verordnung zur Ausführung der Verordnung über Kündigungsschutz für Miet- und Pachträume vom 5. September 1939 (Reichsgesetzbl. I S. 1670) keine Anwendung[3].

(2) Über den Antrag entscheidet das Vollstreckungsgericht (Amtsgericht), in dessen Bezirk die Mieträume liegen.

1. Die DurchfVO. v. 24. 6. 39 (oben zu Ju) zur KündSchutzVO. v. 19. 4. 39 (oben zu Jt) bestimmte in § 19, daß aus derartigen Entscheidungen sowie aus den vor der Preisbehörde geschlossenen Vergleichen oder abgegebenen Verpflichtungserklärungen des Vermieters die gerichtliche Zwangsvollstreckung stattfinden solle. Nachdem durch § 8 Abs. 2 VO. v. 5. 9. 39 (oben zu Jw) die KündSchutzVO. des RfPr. und ihre Durchführungsbestimmungen bis auf weiteres außer Kraft gesetzt sind, war, um die Vollziehung der Entscheidungen usw. zu sichern, erforderlich, die Vollstreckungsgerichte zu beauftragen, die Entscheidungen auf Antrag für vollstreckbar zu erklären. Die Prüfung hierbei ist eine rein formale, nicht sachliche.

2. Am 7. 9. 39 ist der erweiterte Mieterschutz der VO. v. 5. 9. 39 (oben zu Jw) in Kraft getreten.

3. Darin liegt eine Ausnahme von dem an sich auf den 1. 9. 39 zurückwirkenden erweiterten Mieterschutz. Bei Kündigungen, hinsichtlich deren man sich geeinigt hat oder die von der Preisbehörde rechtskräftig überprüft sind, soll es verbleiben; hier ist also keine Mietaufhebungsklage nötig.

§ 3. § 6 Abs. 1 der Dritten Verordnung zur Ausführung der Verordnung über Kündigungsschutz für Miet- und Pachträume vom 5. September 1939 (Reichsgesetzbl. I S. 1670) gilt nicht, wenn sich das Mietverhältnis auf Geschäftsraum bezieht oder wenn einer der Familienangehörigen Erbe des Mieters ist[1].

1. Die Vorschrift ist oben zu Jw § 6 Anm. 1e, 3 erläutert.

Berlin, den 26. September 1939.

Der Reichsminister der Justiz
J. V.: Dr. Schlegelberger
Der Reichsarbeitsminister
J. V.: Dr. Syrup

---

3. Berlin.

Lb.

Anordnung über die Anmeldung von Räumen nach Maßgabe des Reichsgesetzes über Mietverhältnisse mit Juden vom 30. April 1939.

VO. des Oberbürgermeisters von Berlin vom 19. Mai 1939 (Amtsbl. Berlin, Sonderausgabe vom 25. Mai 1939 S. 427).

Auf Grund des § 12 des Gesetzes über Mietverhältnisse mit Juden vom 30. April 1939 (Reichsgesetzbl. I S. 864)[1] erlasse ich hiermit für die Reichshauptstadt Berlin folgende Anordnung:

1. Oben zu Js.

§ 1. (1) Für Gebäude, die am 5. Mai 1939 im Eigentum oder im Nutzungsrecht eines Juden stehen, hat der Verfügungsberechtigte bei dem Bezirksbürgermeister des Verwaltungsbezirks (Wohnungsamt), in dessen Gebiet das Gebäude liegt, bis zum 10. Juni 1939 schriftlich anzuzeigen:

a) Räume, die nicht an Juden vermietet sind,
b) die an Juden vermieteten Räume,
c) die vom Eigentümer oder Nutzungsberechtigten des Gebäudes benutzten Räume,
d) die Untermieter in den Räumen zu a bis c,
e) die leerstehenden Räume.

(2) Veränderungen in dem zu a bis d angezeigten Sachverhalt, insbesondere der Zeitpunkt des Freiwerdens der Räume, sind ebenfalls, und zwar spätestens innerhalb von drei Tagen anzuzeigen, nachdem der Anzeigepflichtige von dem Eintritt der Veränderung Kenntnis erhalten hat. Bei Veränderungen zu d ist auch der Mieter anzeigepflichtig.

§ 2. Für Gebäude, die am 5. Mai 1939 nicht im Eigentum oder Nutzungsrecht eines Juden stehen, hat der Verfügungsberechtigte bei dem Bezirksbürgermeister des Verwaltungsbezirks (Wohnungsamt), in dessen Gebiet das Gebäude liegt, die an Juden vermieteten und untervermieteten Räume bis zum 10. Juni 1939 in doppelter Ausfertigung schriftlich anzuzeigen.

§ 3. Für die Bestands- und Veränderungsanzeigen (§§ 1 und 2) sind Vordrucke zu verwenden, die bei dem zuständigen Bezirksbürgermeister (Wohnungsamt) ausgegeben werden.

§ 4. Die Anzeigepflicht nach §§ 1 und 2 bezieht sich auf

a) Wohnräume, auch wenn sie mit Geschäftsräumen verbunden sind,

b) Geschäftsräume jeder Art.

§ 5. (1) Wer Jude*) ist, bestimmt sich nach § 5 der Ersten Verordnung zum Reichsbürgergesetz vom 14. November 1935 (Reichsgesetzbl. I S. 1333).

(2) Einem Juden steht ein jüdisches Unternehmen im Sinne des Artikels I der Dritten Verordnung zum Reichsbürgergesetz vom 14. Juni 1938 (Reichsgesetzbl. I S. 627)[1] gleich.

1. Oben zu Js § 10 Anm. 2.

---

*) Amtliche Anmerkung zu § 5:

Jude ist, wer von mindestens drei der Rasse nach volljüdischen Großeltern abstammt. Als volljüdisch gilt ein Großelternteil ohne weiteres, wenn er der jüdischen Religionsgemeinschaft angehört hat. Als Jude gilt auch der von zwei volljüdischen Großeltern abstammende staatsangehörige jüdische Mischling,

a) der am 16. September 1935 der jüdischen Religionsgemeinschaft angehört hat oder danach in sie aufgenommen wird,

b) der am 16. September 1935 mit einem Juden verheiratet war oder sich danach mit einem solchen verheiratet,

c) der aus einer Ehe mit einem Juden im Sinn der Sätze 1 und 2 stammt, die nach dem 17. September 1935 geschlossen ist,

d) der aus dem außerehelichen Verkehr mit einem Juden im Sinn der Sätze 1 und 2 stammt und nach dem 31. Juli 1936 außerehelich geboren wird.

§ 6. Hängt die Anwendung dieser Anordnung davon ab, daß der Vermieter oder der Mieter Jude ist, so gilt für den Fall einer Mischehe des Vermieters oder Mieters folgendes:

1. Die Vorschriften sind nicht anzuwenden, wenn die Frau Jüdin ist. Das gleiche gilt, wenn Abkömmlinge aus der Ehe vorhanden sind, auch wenn die Ehe nicht mehr besteht.
2. Ist der Mann Jude und sind Abkömmlinge aus der Ehe nicht vorhanden, so sind die Vorschriften ohne Rücksicht darauf anzuwenden, ob der Mann oder die Frau Vermieter oder Mieter ist.
3. Abkömmlinge, die als Juden gelten, bleiben außer Betracht.

§ 7. Geht das Verfügungsrecht (Eigentum oder Nutzungsrecht) eines Juden an einem Grundstück nach dem 5. Mai 1939 auf jemand über, der nicht Jude ist, so bleiben die Vorschriften dieser Anordnung in gleicher Weise wie vor dem Übergang anwendbar. Dies gilt auch bei einem weiteren Wechsel des Verfügungsrechts. Als Wechsel des Verfügungsrechts ist auch der Wegfall der Voraussetzungen anzusehen, unter denen ein Unternehmen als jüdisch gilt.

§ 8. Wer vorsätzlich oder fahrlässig die vorgeschriebenen Anzeigen nicht oder nicht rechtzeitig erstattet, wird mit Geldstrafe bis zu 150 Reichsmark oder mit Haft bestraft.

Berlin, den 19. Mai 1939.

Der Oberbürgermeister
In Vertretung: Steeg

V.

Kostenwesen.

Mc.

Verordnung über die Kostenpflicht und Kostenerhebung in Miet- und Pachtpreissachen*).

VO. des RfPr. vom 29. Dezember 1938 (RAnz. Nr. 2 vom 3. Januar 1939 = MittBl. d. RfPr. 1939 Teil I Nr. 2 vom 9. Januar 1939 S. 20).

Auf Grund des Gesetzes zur Durchführung des Vierjahresplanes — Bestellung eines Reichskommissars für die Preisbildung — vom 29. Oktober 1936 (Reichsgesetzbl. I S. 927)[1] wird mit Zustimmung des Beauftragten für den Vierjahresplan folgendes verordnet:

1. Krieg[5] zu Db.

§ 1. Für das Verfahren vor den mit der Preisbildung bei Mieten und Pachten für Wohn- und Geschäftsräume betrauten Behörden wird von diesen nach Maßgabe der nachstehenden Bestimmungen eine Gebühr erhoben[1].

1. Und ebenso für die Prüfung von Kündigungen: oben zu Ju § 21.

§ 2. (1) Gebührenpflichtig ist der Antragsteller. Wird die Behörde von Amts wegen tätig, so wird die Gebühr dem Beteiligten auferlegt, der durch die Entscheidung einen wirtschaftlichen Vorteil erlangt.

(2) Die Behörde kann jedoch aus Billigkeitsgründen abweichend vom Absatz 1 die Gebühr demjenigen ganz oder teilweise auferlegen, der das Verfahren durch sein Verhalten veranlaßt oder verschleppt hat.

§ 3. (1) Die Gebühr wird mit der Stellung des Antrags oder, wenn die Behörde von Amts wegen tätig wird, mit der Entscheidung fällig. Vor Eingang der Gebühr ist die Behörde

*) Betrifft nicht das Land Österreich und die sudetendeutschen Gebiete.

nicht verpflichtet, einen Antrag zu bearbeiten. Ein Antrag gilt als zurückgenommen, wenn der Antragsteller die Gebühr nicht innerhalb der ihm gesetzten Frist zahlt.

(2) Die Gebühr wird im Verwaltungsverfahren beigetrieben.

§ 4. (1) Die Gebühr wird nach dem Jahreswert der beantragten oder, im Falle eines von Amts wegen durchgeführten Verfahrens, der festgesetzten Miet- oder Pachtzinsänderung erhoben.

(2) Die Behörde setzt den Jahreswert nach freiem Ermessen fest, wenn der Antrag auf Änderung des Miet- oder Pachtzinses nicht ziffermäßig bestimmt ist.

(3) Hat das Verfahren keine Änderung des Miet- oder Pachtzinses zum Gegenstand, so wird der Wert von der Behörde nach freiem Ermessen festgesetzt.

§ 5. (1) Die Hälfte der Gebühr wird erhoben, wenn eine Ausnahmegenehmigung wegen baulicher Verbesserung der Miet- oder Pachtsache oder wegen Erhöhung von Abgaben beantragt wird.

(2) Falls es der Billigkeit entspricht, kann eine weitere Ermäßigung der Gebühr gewährt werden.

§ 6. (1) Eine Gebühr wird nicht erhoben, wenn der Antrag wegen Unzuständigkeit abgelehnt wird.

(2) Die Gebühr ermäßigt sich auf die Hälfte, wenn der Antrag vor Erlaß der Entscheidung zurückgenommen wird.

§ 7. Bei nachgewiesener Bedürftigkeit kann dem Gebührenpflichtigen die Gebühr gestundet, ermäßigt oder erlassen werden.

§ 8. (1) Die Gebühr beträgt bei einem Wert bis zu 1000 RM einschließlich 10 v. H., von dem Mehrbetrag bis zu 2000 RM einschließlich 5 v. H., von dem Mehrbetrag bis zu 10 000 RM einschließlich 3 v. H., von dem Mehrbetrag 1 v. H. Dabei ist der Wert auf die nachhöheren 10 RM und bei Werten von mehr als 1000 RM auf die nächsthöheren 100 RM aufzurunden.

(2) Der Mindestbetrag einer vollen Gebühr beträgt 3 RM.

§ 9. Auslagen werden neben der Gebühr nicht erhoben. Eine Erstattung der Kosten der Beteiligten findet nicht statt.

§ 10. Der Reichskommissar für die Preisbildung erläßt die zur Durchführung und Ergänzung dieser Verordnung erforderlichen Rechts- und Verwaltungsvorschriften.

§ 11. (1) Die Verordnung tritt am 1. Januar 1939 in Kraft.

(2) Soweit bisher Gebühren nach den Ziffern 73 bis 75 des Runderlasses Nr. 184/37 des Reichskommissars für die Preisbildung vom 12. Dezember 1937[1] angesetzt worden sind, verbleibt es dabei.

(3) Die Inkraftsetzung dieser Verordnung für das Land Österreich und die sudetendeutschen Gebiete bleibt vorbehalten.

1. Krieg[5] zu Ds.

Berlin, den 29. Dezember 1938.

Der Reichskommissar für die Preisbildung.
Im Auftrag: Resch.

Md.

Runderlaß Nr. 155/38, betr. Verordnung über die Kostenpflicht und Kostenerhebung in Miet- und Pachtpreissachen.

Runderl. des RfPr. vom 29. Dezember 1938 (MittBl. d. RfPr. 1939 Teil I Nr. 2 vom 9. Januar 1939 S. 22).

An die Stadt- und Landkreise (Preisbehörden), nachrichtlich den Preisbildungs- und Preisüberwachungsstellen.

In Ziffer 73—75 meines Runderlasses Nr. 184/37[1] habe ich angeordnet, daß in Miet- und Pachtpreisangelegenheiten Verwaltungsgebühren nach Maßgabe der dort getroffenen Bestimmungen erhoben werden. Die in diesen Ziffern enthaltene Bezugnahme auf die landesrechtlichen Verwaltungsgebührenordnungen hat verschiedentlich zu rechtlichen Unklarheiten geführt und die von mir erstrebte Einheitlichkeit bei der Erhebung der Gebühren gefährdet. An Stelle der vorerwähnten Bestimmungen habe ich deshalb unter dem heutigen Tage die oben bezeichnete Verordnung[2] erlassen. Landesrechtliche Gebührenvorschriften finden also in Zukunft keine Anwendung mehr.

1. Krieg[5] zu Ds.
2. Oben zu Mc.

Zu den einzelnen Vorschriften der Verordnung bemerke ich folgendes:

Zu § 1. Gebührenpflichtig nach Maßgabe der Verordnung sind alle Einzelentscheidungen, die den Preisbehörden durch die Anordnung vom 27. September 1937 (Reichsanzeiger Nr. 238)[1] und den Runderlaß Nr. 184/37[2] übertragen worden sind.

1. Krieg[5] zu Dm.

2. Krieg[5] zu Ds; aber auch für die Prüfung von Kündigungen: oben zu Ju § 21.

Zu § 2. (1) In Erweiterung der bisherigen Bestimmungen sieht die Verordnung eine Gebührenpflicht auch in den Fällen vor, in denen eine Entscheidung (z. B. eine Mietsenkung) auf Grund eines von Amts wegen eingeleiteten Verfahrens getroffen wird.

(2) Die starre Regelung der Ziffer 74 des Runderlasses Nr. 184/37[1], wonach stets der Antragsteller die Gebühren tragen mußte, ist aufgegeben worden. Die Behörde wird von der Möglichkeit, die Gebühren abweichend von § 2 Abs. 1 zu verteilen, insbesondere dann Gebrauch zu machen haben, wenn sich ein Vermieter ohne triftigen Grund geweigert hat, eine überhöhte Miete freiwillig zu senken, und dadurch den Mieter gezwungen hat, die Behörde anzurufen, oder die Behörde genötigt hat, von Amts wegen tätig zu werden. Ebenso kann einem Mieter die Gebühr auferlegt werden, wenn er die Erledigung eines berechtigten Antrages auf Mieterhöhung durch unbegründete Einwendungen verschleppt hat.

1. Krieg[5] zu Ds.

Zu § 3. Die an Ziffer 75 des Runderlasses Nr. 184/37[1] angelehnte Regelung, nach der die Gebühr bei der Einreichung des Antrags zu zahlen ist, dient in erster Linie dem Zweck, unbegründete Anträge von vornherein möglichst einzudämmen.

1. Krieg[5] zu Ds.

Zu § 4. (1) Jahreswert ist der jährliche Betrag der beantragten oder festgesetzten Miet- und Pachtzinsänderung.

Bei Genehmigung eines Untermietzuschlages ist ebenfalls der Jahresbetrag der Gebührenberechnung zugrunde zu legen.

(2) In den Fällen des § 4 Abs. 2 ist im Zweifel ein Betrag von 10 v. H. des für das letzte Jahr gezahlten Miet- oder Pachtzinses als Jahreswert anzusehen.

(3) Die Vorschrift des § 4 Abs. 3 findet z. B. Anwendung bei der Genehmigung von Kündigungen, der Zustimmung zu einem erstmalig vereinbarten Mietzins, der Ersetzung der Er-

laubnis zur Untervermietung u. dgl. Als Wert dürften in den angeführten Fällen etwa 10 v. H. des jährlichen Mietzinses anzusetzen sein. Als Mietzins ist bei Kündigungen der bisher gezahlte Mietzins, bei erstmalig vereinbarten Mieten der in Aussicht genommene Mietzins und bei Erteilung einer Erlaubnis zur Untervermietung der Mietzins, den der Untermieter zahlen soll, zugrunde zu legen. Im übrigen ist für die Wertbemessung das wirtschaftliche Interesse der Beteiligten und der Umfang und die Schwierigkeit der Sache maßgebend.

(4) In den Fällen der Absätze 2 und 3 wird vielfach die endgültige Gebührenfestsetzung erst nach Abschluß des Verfahrens möglich sein. Es kann jedoch, sofern das Verfahren nicht von Amts wegen durchgeführt wird, schon vorher ein angemessener Gebührenvorschuß verlangt werden. Unter die Mindestgebühr [§ 8 Ziff. 1] soll dabei nicht heruntergegangen werden.

Zu § 5. Die Vorschrift des § 5 Abs. 2 ist nicht eng auszulegen.

Zu § 6. (1) Von der Bestimmung des § 6 Abs. 1 ist weitgehend Gebrauch zu machen, wenn die Preisbehörden aus Rechtsunkenntnis angegangen worden sind.

(2) Die Vorschrift des § 6 Abs. 1 findet ferner Anwendung, wenn ein Antrag wegen tatsächlich gegebener Unzuständigkeit zurückgenommen wird.

(3) Auch für einen nach § 3 Abs. 1 wegen Nichtzahlung der Gebühr als zurückgenommen behandelten Antrag ist keine Gebühr zu erheben.

Zu § 7. Die Gebührenpflicht darf nicht dazu führen, daß minderbemittelte Volksgenossen an der Durchsetzung ihrer Ansprüche gehindert werden. Die Bestimmung ist deshalb nicht zu engherzig anzuwenden.

Zu § 8. Die Gebührensätze sind, anders als im Runderlaß Nr. 184/37[1], bei Mietzinserhöhungen und Mietzinssenkungen gleich bemessen.

Für jedes Miet- und Pachtverhältnis sind sie gesondert zu berechnen. Wenn jedoch mehrere Anträge eines Antragstellers ohne wesentliche Mehrarbeit in einem Verfahren erledigt werden können, soll die Gebühr nach dem Gesamtbetrag berechnet werden.

1. Krieg[5] zu Ds.

Zu § 9. Die Unkosten des Sachverständigen müssen von der Behörde getragen werden. Nichtbeamtete Sachverständige sind deshalb grundsätzlich nicht heranzuziehen.

Zu § 10. Da bezweifelt worden ist, ob die Ziffern 73 ff. des Runderlasses Nr. 184/37[1] eine ausreichende Rechtsgrundlage für die Gebührenerhebung sind, mußte die Rechtsgültigkeit der auf Grund dieser Bestimmungen erhobenen Gebühren ausdrücklich gesichert werden. Sofern ein Gebührensatz die Bestimmungen des Runderlasses beachtet hat, ist er danach gültig, auch wenn er im Widerspruch zu den landesrechtlichen Bestimmungen über Gebührenfreiheiten oder zu landesrechtlichen Gebührentarifen steht.

1. Krieg[5] zu Ds.

VI.

Rechtsentscheide.

A. Mietzinsbildung.

1. Das Mieteinigungsamt und die Beschwerdestelle dürfen einen Antrag auf Ermittelung der Friedensmiete nicht schon deshalb ablehnen, weil die Preisbildungsbehörde bereits den Mietzins festgesetzt hat und die dagegen eingelegte Beschwerde zurückgewiesen ist. Ob die Festsetzung der Preisbildungsbehörde vor oder nach dem Runderlaß des Reichskommissars für die Preisbildung 154/38 vom 30. Dezember 1938 erfolgt ist, ist dabei unerheblich.

(17. Y. 2/39. KEntsch. v. 3. 5. 39. HRR. 39 Nr. 1104; JFG.Erg. 19, 360; DRW. [JW.] 39, 1086.)

2. Der Rechtsentscheid vom 7. November 1925 (17 Y. 107/25), wonach die Beschwerdestelle auf die Rechtsbeschwerde nur dann in der Sache selbst entscheiden oder sie zur nochmaligen Verhandlung und Entscheidung an das Mieteinigungsamt zurückverweisen kann, wenn die angefochtene Entscheidung des Mieteinigungsamtes auf einer Verletzung des Gesetzes beruht, die den Rechtsbeschwerdeführer beschwert, wird aufrechterhalten.

(17. Y. 4/39. KEntsch. v. 21. 6. 39. DRW. [JW.] 39, 1754.)

B. Untermiete.

1. Rechtsentscheide des Kammergerichts.

3. Bei Geschäftsräumen kann die Erlaubnis des Vermieters, den Gebrauch des Raumes einem Dritten zu überlassen, insbesondere ihn unterzuvermieten, nicht nach § 29 des Mieterschutzgesetzes durch das Mieteinigungsamt ersetzt werden.

(17. Y. 80/24. KEntsch. v. 17. 11. 24. EA. 24, 345; GE. 25, 57; JFG. Erg. 3, 91; JR. 25 Nr. 81; JW. 24, 2010; OLG. 44, 3; BBl. 46, 194.)

4. Die Erlaubnis des Vermieters, den Gebrauch des Wohnraums einem Dritten zu überlassen, insbesondere ihn unterzuvermieten, kann durch die Erlaubnis des Mieteinigungsamtes auch dann ersetzt werden, wenn die Befugnis zur Überlassung des Raumes an einen Dritten im Vertrage vor oder nach dem Inkrafttreten des Mieterschutzgesetzes ausgeschlossen worden ist (§ 29 des Mieterschutzgesetzes).

(17. Y. 84/24. REntsch. v. 23. 7. 24. EA. 24, 329; IFG.Erg. 2, 87; IW. 24, 2009; OLG. 43, 331.)

5. Eine räumlich und wirtschaftlich getrennte Wohnung ist eine abgeschlossene Wohnung, in der ein selbständiger Haushalt geführt werden kann, ohne daß die Mitbenutzung anderer Räume im Hause mehr als ortsüblich erfolgt.

(17. Y. 110/24. REntsch. v. 12. 1. 25. IFG.Erg. 3, 1; IR. 25 Nr. 200; IW. 25, 1127; OLG. 44, 284.)

6. Die Erlaubnis des Vermieters, den Gebrauch des Wohnraums einem Dritten zu überlassen, kann nach § 29 des Mieterschutzgesetzes dann nicht durch das Mieteinigungsamt ersetzt werden, wenn die Überlassung von Wohnräumen an einen Dritten für andere als Wohnzwecke erfolgen soll.

(17. Y. 111/24. REntsch. v. 17. 11. 24. EA. 24, 345; GE. 25, 56, 135; IFG.Erg. 3, 92; IW. 24, 2010; OLG. 44, 3; BBl. 46, 174.)

7. Zur Stellung des Antrags, die Erlaubnis des Vermieters zur Überlassung des Wohnraums an einen Dritten nach § 29 des Mieterschutzgesetzes durch die Erlaubnis des Mieteinigungsamtes zu ersetzen, ist nur der künftige Hauptmieter, nicht aber der künftige Untermieter befugt.

(17. Y. 133/24. REntsch. v. 8. 12. 24. EA. 25, 354; GE. 25, 177; HessR. 25, 111; IFG.Erg. 3, 85; IR. 25 Nr. 199; IW. 25, 1127; OLG. 44, 257.)

8. Das Mieteinigungsamt kann die Erlaubnis des Vermieters, den Gebrauch von Wohnräumen einem Dritten zu überlassen, nicht allgemein, sondern nur für einen bestimmten Dritten ersetzen (§ 29 des Mieterschutzgesetzes).

(17. Y. 136/24. REntsch. v. 1. 12. 24. EA. 25, 354; GE. 25, 262; IFG. Erg. 3, 87; OLG. 44, 4; BBl. 46, 370.)

Aufrechterhalten. Der Rechtsentscheid gilt auch bei Untervermietung in Bade- und Erholungsorten.

(17. Y. 138/25. REntsch. v. 7. 1. 26. EA. 26, 444; GE. 26, 386; HessR. 26, 167; IFG.Erg. 4, 82; IR. 26 Nr. 815; IW. 26, 1000; MG. 26, 19.)

Aufrechterhalten.

(17. Y. 69/26. REntsch. v. 9. 7. 26. IFG.Erg. 5, 35; MG. 26, 102.)

9. Die Erlaubnis des Vermieters, den Gebrauch einer Wohnung, die nicht nur Wohnzwecken, sondern zum Teil auch anderen Zwecken dient, einem Dritten zu überlassen, insbesondere sie weiter zu vermieten, kann nach § 29 des Mieterschutzgesetzes nur dann durch das Mieteinigungsamt ersetzt werden, wenn der Wohnzweck überwiegt.

(17. Y. 14/25. REntsch. v. 7. 4. 25. EA. 25, 388; GE. 25, 1884; HessR. 25, 236; JFG.Erg. 3, 94; JR. 25 Nr. 1241; JW. 25, 2013; OLG. 44, 258.)

10. a) Das Mieteinigungsamt kann die Erlaubnis des Vermieters, den Gebrauch des Wohnraums einem Dritten zu überlassen, nach § 29 des Mieterschutzgesetzes nur für den leeren Raum, nicht für mitvermietete Möbel und ähnliche Gegenstände ersetzen.

b) Ist streitig, ob ein Raum leer vermietet oder ob der Mieter berechtigt ist, den Raum leer zu machen, so hat das Mieteinigungsamt bei seiner Entscheidung vom Sachvortrag des Mieters auszugehen.

(17. Y. 152/25. REntsch. v. 20. 1. 26. EA. 26, 444; GE. 26, 420; JFG. Erg. 4, 84; JR. 26 Nr. 816; JW. 26, 2456; MG. 26, 18; OLG. 45, 250.)

11. Ist der Antrag gestellt, die Erlaubnis des Vermieters zur Überlassung des Wohnraums an einen Dritten zu ersetzen (§ 29 des Mieterschutzgesetzes), und bestreitet der Antragsgegner das Bestehen eines Mietverhältnisses zwischen den Parteien, so hat das Mieteinigungsamt über den Bestand des Mietverhältnisses nicht zu entscheiden, sondern insoweit bei seiner Entscheidung den Sachvortrag des Antragstellers zugrunde zu legen.

(17. Y. 6/26. REntsch. v. 4. 2. 26. DWA. 1, 430; JFG.Erg. 4, 78; JR. 26 Nr. 579; MG. 26, 30.)

12. Die Erlaubnis des Vermieters zur Weiterüberlassung von Wohnraum kann durch das Mieteinigungsamt nicht mehr ersetzt werden, wenn das Mietverhältnis, sei es auch unter Vorbehalt von Ersatzraum, aufgehoben ist.

(17. Y. 97/26. REntsch. v. 19. 11. 26. DWA. 27, 75; EA. 27, 535; HessR. 27, 267; JFG.Erg. 6, 57; JR. 27 Nr. 489; JW. 27, 593; MG. 27, 8; OLG. 46, 109.)

13. Die Erlaubnis des Vermieters, den Gebrauch des Wohnraums einem Dritten zu überlassen, kann mit zeitlicher Beschränkung ersetzt werden. Die Entscheidung des Mieteinigungsamtes oder der Beschwerdestelle erübrigt sich nicht durch den Ablauf der Zeit, für die die Ersetzung beantragt oder erfolgt ist.

(17. Y. 24/27. REntsch. v. 21. 3. 27. DWA. 27, 315; EA. 27, 575; JFG.Erg. 6, 64; JR. 27 Nr. 1657; JW. 27, 1938; MG. 27, 66; OLG. 46, 111.)

14. Die Erlaubnis des Vermieters zur Übertragung der Mietrechte auf einen Dritten kann nach § 29 des Mieterschutzgesetzes nicht ersetzt werden.

(17. Y. 29/27. REntsch. v. 21. 3. 27. DWA. 27, 316; GE. 27, 962; JFG.Erg. 6, 52; JR. 27 Nr. 1656; JW. 27, 1653; MG. 27, 67; OLG. 46, 162.)

15. Eigene Wirtschaft oder Haushaltung im Sinne des § 29 Abs. 2 des Mieterschutzgesetzes kann auch ein Untermieter führen, der dafür keine eigenen Angestellten hat oder sich der Unterstützung des Mieters bedient.

(17. Y. 36/27. REntsch. v. 21. 4. 27. EA. 27, 575; GuR. 27, 281; JFG.Erg. 6, 62; JR. 27 Nr. 1299; JW. 27, 1938; MB. 27, 13; MG. 27, 95; OLG. 46, 162.)

16. a) Das Mieteinigungsamt kann die Erlaubnis des Vermieters zur Untervermietung nur ersetzen (§ 29 des Mieterschutzgesetzes), wenn der Sachvortrag des Mieters dessen Angabe rechtfertigt, daß in den Räumen eine eigene Wirtschaft oder Haushaltung geführt werden soll.

b) Daß der Untermieter die Hauptmahlzeiten regelmäßig nicht in den Räumen einnimmt, spricht gegen die Führung einer eigenen Wirtschaft oder Haushaltung, schließt sie aber nicht immer aus.

(17. Y. 38/27. REntsch. v. 16. 5. 27. DRZ. 27 Nr. 783; DWA. 27, 460; EA. 27, 575; JFG.Erg. 6, 60; JR. 27 Nr. 2014; JW. 27, 1938; MB. 27, 17; MG. 27, 95.)

17. Die Erlaubnis des Vermieters, den Gebrauch eines zu Wohnzwecken vermieteten Raumes einem Dritten zu überlassen, kann durch das Mieteinigungsamt auch dann ersetzt werden, wenn die Überlassung zwar nicht nur zu Wohnzwecken erfolgen soll, der Wohnzweck aber überwiegt.

(17. Y. 61/27. REntsch. v. 3. 10. 27. DWA. 27, 508; EA. 27, 620; HRR. 28 Nr. 532; JFG.Erg. 7, 84; JW. 28, 513; MB. 28, 1; MG. 27, 153.)

18. Die Ersetzung der Erlaubnis des Vermieters zur Untervermietung (§ 29 des Mieterschutzgesetzes) wird nicht dadurch ausgeschlossen, daß der Untermieter gleichzeitig an anderer Stelle eine eigene Wirtschaft oder Haushaltung führt oder führen kann.

(17. Y. 79/27. REntsch. v. 30. 11. 27. DWA. 28, 192; EA. 28, 649; HRR. 28 Nr. 617; JFG.Erg. 7, 86; JW. 28, 512; MG. 28, 8; GE. 28, 620.)

19. Die Erlaubnis des Vermieters zur Untervermietung kann nach § 29 des Mieterschutzgesetzes auch dann ersetzt werden, wenn der Raum für besondere Zwecke zu vorübergehendem Gebrauche, z. B. an Sommergäste, überlassen werden soll.

(17. Y. 84/27. REntsch. v. 30. 11. 27. DWA. 28, 192; EA. 28, 648; GE. 28, 661; HRR. 28 Nr. 722; JFG.Erg. 7, 87; JW. 28, 512; MG. 28, 8.)

20. Das Mieteinigungsamt kann die Ersetzung der Erlaubnis des Vermieters zur Untervermietung (§ 29 des Mieterschutzgesetzes) nicht deshalb versagen, weil der Mieter Zahlung eines besonderen Entgelts für die erhöhte Abnutzung der Räume und die erhöhten Betriebskosten ablehnt.

(17. Y. 91/27. REntsch. v. 23. 1. 28. DWA. 28, 140; EA. 28, 657; HRR. 28 Nr. 721; JFG.Erg. 7, 89; JW. 28, 512; MG. 28, 26.)

Aufrechterhalten.

(17. Y. 50/29. REntsch. v. 5. 10. 29. BlfRpfl. 29, 114; DMR. 29, 897; GE. 29, 1192; HRR. 30 Nr. 510; JFG.Erg. 9, 110; JW. 30, 837; MG. 29, 189.)

21. Das Mieteinigungsamt kann die Erlaubnis des Vermieters zur Untervermietung auch dann ersetzen (§ 29 des Mieterschutzgesetzes), wenn die Erlaubnis zwar erteilt, aber trotzdem ein berechtigtes Interesse des Mieters an ihrer Ersetzung gegeben ist.

(17. Y. 93/27. REntsch. v. 23. 1. 28. EA. 28, 657; GE. 28, 619; HRR. 28 Nr. 845; JFG.Erg. 7, 91; JW. 28, 1066; MG. 28, 46.)

22. Die Erlaubnis des Vermieters zur Untervermietung kann vom Mieteinigungsamte nicht ersetzt werden, wenn die Untervermietung gegen die Bestimmungen der Wohnungsordnung für die Stadt Berlin vom 14. August 1928 verstößt.

(17. Y. 101/28. REntsch. v. 22. 12. 28. DMR. 29, 790; GE. 29, 213; HRR. 29 Nr. 916; JFG.Erg. 8, 140; JW. 29, 2884; MG. 29, 28.)

23. Die Rechtsbeschwerde kann darauf gestützt werden, daß das Mieteinigungsamt die Bestimmungen der Wohnungsordnung für die Stadt Berlin vom 14. August 1928 nicht beachtet hat. Das Mieteinigungsamt kann Ausnahmen von den Bestimmungen dieser Wohnungsordnung nicht zulassen.

(17. Y. 103/28. REntsch. v. 22. 12. 28. DMR. 29, 775; GE. 29, 96; HRR. 29 Nr. 919; JFG.Erg. 8, 175; MG. 29, 15.)

24. Die Ersetzung der Erlaubnis des Vermieters zur Untervermietung (§ 29 des Mieterschutzgesetzes) kann nicht deshalb versagt werden, weil der Mieter die Untervermietung an den Vermieter abgelehnt hat.

(17. Y. 109/28. REntsch. v. 19. 1. 29. BlfRpfl. 29, 23; GE. 29, 790; HRR. 29 Nr. 1447; JFG.Erg. 9, 108; JW. 29, 3240; MG. 29, 49.)

25. Die Erlaubnis des Vermieters zur Untervermietung von Wohnräumen (§ 29 des Mieterschutzgesetzes) kann auch dann ersetzt werden, wenn dem Untermieter die ganze Wohnung überlassen werden soll.

(17. Y. 111/28. REntsch. v. 19. 1. 29. BlfRpfl. 29, 23; EA. 29, 790; GE. 29, 96; HRR. 29 Nr. 917; JFG.Erg. 9, 102; JW. 29, 1060; MG. 29, 28.)

26. Die Erlaubnis des Vermieters zur Untervermietung (§ 29 des Mieterschutzgesetzes) kann auch dann ersetzt werden, wenn der Mieter sich in einem Vergleiche zur Herausgabe des Mietraums verpflichtet hat, der Herausgabeanspruch des Vermieters aber bei pünktlicher Zahlung des Mietrückstandes und des laufenden Mietzinses gehemmt ist und nach Tilgung des Rückstandes erlischt.

(17. Y. 12/29. REntsch. v. 16. 3. 29. BlfRpfl. 29, 48; DMR. 29, 821; GE. 29, 888; HRR. 29 Nr. 1738; JFGErg. 9, 105; JW. 29, 1890; MG. 29, 64; Recht 29, 1070.)

27. Jeder von mehreren Mitmietern kann das Verfahren auf Ersetzung der Erlaubnis des Vermieters zur Untervermietung (§ 29 des Mieterschutzgesetzes) für sich allein beantragen und durchführen. Das gleiche gilt, wenn Ehegatten den Mietvertrag gemeinsam geschlossen haben, für jeden von ihnen.

(17. Y. 77/29. REntsch. v. 30. 11. 29. DMR. 30, 941; GE. 30, 211; HRR. 30 Nr. 1469; JFG.Erg. 10, 106; MG. 30, 27.)

Aufrechterhalten. Dies gilt auch, wenn nur die Ehefrau Mieterin ist, ihre Mietrechte aber zum eingebrachten Gute gehören.

(17. Y. 14/30. REntsch. v. 12. 4. 30. DMR. 30, 996; GE. 30, 902; HRR. 30 Nr. 1808; JFG.Erg. 10, 109; JW. 30, 3222.)

28. Ein beim Mieteinigungsamt anhängiges Verfahren auf Ersetzung der Erlaubnis zur Untervermietung (§ 29 des Mieterschutzgesetzes) wird durch die Einleitung der Zwangsverwaltung des Grundstücks nicht berührt.

(17. Y. 1/30. REntsch. v. 18. 1. 30. BlfRpfl. 30, 23; DMR. 30, 969; EG. 30, 396; HRR. 30 Nr. 2156; JFG.Erg. 10, 113; JW. 30, 1076; MG. 30, 66.)

29. Ist eine Ehefrau Vermieterin und gehören die Vertragsrechte zum eingebrachten Gute, so kann der Antrag, die

Erlaubnis des Vermieters zur Untervermietung zu ersetzen (§ 29 des Mieterschutzgesetzes), sowohl gegen beide Eheleute als auch gegen jeden von ihnen allein gestellt werden.

(17. Y. 14/30. REntsch. v. 12. 4. 30. DMR. 30, 996; GE. 30, 902; HRR. 30 Nr. 1808; JFG.Erg. 10, 109; JW. 30, 3222.)

30. Ist im Verfahren auf Ersetzung der Erlaubnis des Vermieters zur Untervermietung (§ 29 des Mieterschutzgesetzes) streitig, ob nach Aufhebung des Mietverhältnisses ein neues Mietverhältnis zustande gekommen ist, so hat das Mieteinigungsamt insoweit seiner Entscheidung den Sachvortrag des Antragstellers zugrunde zu legen.

(17. Y. 22/30. REntsch. v. 9. 5. 30. GE. 30, 925; HRR. 31 Nr. 410; JFG.Erg. 10, 115; MG. 30, 129.)

31. Das Mieteinigungsamt kann die Erlaubnis des Vermieters, den Gebrauch des Wohnraums einem Dritten zu überlassen, auch dann ersetzen, wenn die Überlassung nicht durch Untervermietung erfolgt. In diesem Falle ist nicht erforderlich, daß der Dritte in dem Raume eine eigene Wirtschaft oder Haushaltung führen soll.

(17. Y. 24/30. REntsch. v. 9. 5. 30. DMR. 30, 1029; GE. 30, 548; HRR. 31 Nr. 409; JFG.Erg. 10, 104; MG. 30, 126.)

32. Kein wichtiger Grund im Sinne des § 29 des Mieterschutzgesetzes ist der Umstand, daß der Untermieter Ausländer ist. Ebensowenig kann die Ersetzung der Erlaubnis des Vermieters zur Untervermietung versagt werden, weil der Mieter nach seinen wirtschaftlichen Verhältnissen nicht auf die Untervermietung angewiesen ist. Diese wirtschaftlichen Verhältnisse können aber bei der Prüfung anderer für die Versagung vorliegender Gründe nach billigem Ermessen von Bedeutung sein.

(17. Y. 74/30. REntsch. v. 13. 2. 31. DMR. 31, 1141; HRR. 31 Nr. 1143; JFG.Erg. 11, 49; JW. 31, 2521; MG. 31, 61.)

2. Rechtsentscheid des Bayrischen Obersten Landesgerichts.

33. Die Erlaubnis des Vermieters zur Untervermietung kann durch das Mieteinigungsamt nicht nur für einen bestimmten Untermieter, sondern allgemein ersetzt werden.

(VII 1/26. REntsch. v. 9. 4. 26. BayZ. 26, 160.)

VII.

Gesetzesregister.

I. Reichsrecht.

Seite

7. 4. 33. Gesetz über die Zulassung zur Rechtsanwaltschaft (RGBl. I 188) 46

22. 4. 33. Gesetz über die Zulassung zur Patentanwaltschaft und zur Rechtsanwaltschaft (RGBl. I 217) 49

14. 11. 35. Erste VO. des RInnMin. zum Reichsbürgergesetz (RGBl. I 1333) 54, 99

26. 4. 38. AnO. des Beauftr. f. d. VierjPlan auf Grund der VO. über die Anmeldung des Vermögens von Juden (RGBl. I 415) 30

14. 6. 38. Dritte VO. der Reichsregierung zum Reichsbürgergesetz (RGBl. I 627) 55

27. 9. 38. Fünfte VO. der Reichsregierung zum Reichsbürgergesetz (RGBl. I 1403) 45

20. 10. 38. Runderlaß des RfPr., betr. Erhöhung des Mietzinses auf Grund baulicher Verbesserungen (MittBl. d. RfPr. I Nr. 34) 3

31. 10. 38. Sechste VO. der Reichsregierung zum Reichsbürgergesetz (RGBl. I 1545) 47

6. 12. 38. Grundſ. Entscheidung des RfPr., betr. Mietzinsberechnung bei Neubauten mit Reichsbürgschaft (MittBl. d. RfPr. I Nr. 41) 6

29. 12. 38. Runderlaß Nr. 153/38 des RfPr., betr. Mieterhöhung bei Änderung der Benutzungsart von Räumen (MittBl. d. RfPr. 1939 I 10) 7

29. 12. 38. VO. des RfPr. über die Kostenpflicht und Kostenerhebung in Miet- und Pachtpreissachen (MittBl. d. RfPr. 1939 I 20) 101

29. 12. 38. Runderlaß Nr. 155/38 des RfPr., betr. VO. über die Kostenpflicht und Kostenerhebung in Miet- und Pachtpreissachen (MittBl. d. RfPr. 1939 I 22) 103

30. 12. 38. Runderlaß Nr. 154/38 des RfPr., betr. Verweisung an Mieteinigungsämter (MittBl. d. RfPr. 1939 I 10) . . 8

17. 1. 39. Achte VO. des RInnMin. zum Reichsbürgergesetz (RGBl. I 47) 50

8. 2. 39. VO. des RArbMin. über die Neugestaltung der Reichshauptstadt Berlin und der Hauptstadt der Bewegung München (RGBl. I 159) 29

Seite

15. 2. 39. Bescheid des RfPr., betr. Mieterhöhung bei Änderung der Benutzungsart von Räumen (Dtsch. Wohnwirtschaft 39 S. 119) 8

30. 3. 39. Achte VO. des RArbMin. über das Verbot der Umwandlung von Wohnungen in Räume anderer Art (RArbBl. I 168) 31

6. 4. 39. Runderlaß Nr. 27/39 des RfPr., betr. Übertragung der Preisüberwachung bei Mieten auf die Oberbürgermeister (MittBl. d. RfPr. II 77) 10

12. 4. 39. Runderlaß Nr. 29/39 des RfPr., betr. Mieterhöhung durch den Wegfall von Steuerbefreiungen am 1. April 1939 (MittBl. d. RfPr. I 132) 10

19. 4. 39. VO. des RfPr. über Maßnahmen der Preisbehörden bei Kündigungen von Miet- und Pachtverhältnissen (RGBl. I 799) 57

20. 4. 39. VO. des RfPr. zur Erleichterung der Wohnungsbeschaffung für kinderreiche Familien (RGBl. I 815, 1038) 34

30. 4. 39. Gesetz über Mietverhältnisse mit Juden (RGBl. I 864) 51

4. 5. 39. Erlaß des RfPr., betr. Ordnungsstrafen gegen Zweigniederlassungen (MittBl. d. RfPr. II 97) 16

25. 5. 39. Runderlaß des RfPr., betr. Wegfall von Zinsnachlaß für die aus dem Wohnungsfürsorgefonds des Reiches gewährten Baudarlehen (MittBl. d. RfPr. I 196) . . 11

3. 6. 39. VO. des RfPr. über Strafen und Strafverfahren bei Zuwiderhandlungen gegen Preisvorschriften (RGBl. I 999) 12

14. 6. 39. Erlaß des RfPr., betr. Ordnungsstrafverfahren gegen Beamte und Angestellte öffentlicher Dienststellen (MittBl. d. RfPr. II 133) 21

15. 6. 39. DurchfVO. des RfPr. zur VO. zur Erleichterung der Wohnungsbeschaffung für kinderreiche Familien (RGBl. I 1034) 35

15. 6. 39. Runderlaß Nr. 53/39 des RfPr., betr. Erleichterung der Wohnungsbeschaffung für kinderreiche Familien (MittBl. d. RfPr. I 258) 38

17. 6. 39. Runderlaß Nr. 50/39 des RfPr., betr. Anwendung der VO. über Strafen und Strafverfahren bei Zuwiderhandlungen gegen Preisvorschriften (MittBl. d. RfPr. II 141) 12

24. 6. 39. DurchfVO. des RfPr. zur VO. über Maßnahmen der Preisbehörden bei Kündigungen von Miet- und Pachtverhältnissen (RGBl. I 1091) 60

8. 7. 39. Runderlaß Nr. 66/39 des RfPr., betr. Maßnahmen der Preisbehörden bei Kündigungen von Miet- und Pachtverhältnissen (MittBl. d. RfPr. I 272) 68

20. 7. 39. Grundsf. Entscheidung des RfPr., betr. Wirksamwerden von Genehmigungen des RfPr. (MittBl. d. RfPr. I 289) 26

Seite

21. 7. 39. Grunds. Entscheidung des RfPr., betr. Angleichung von Gefälligkeitsmieten (MittBl. d. RfPr. I 309) 26
1. 9. 39. VO. des Ministerrats für die Reichsverteidigung über Maßnahmen auf dem Gebiete des bürgerlichen Streitverfahrens, der Zwangsvollstreckung, des Konkurses und des bürgerlichen Rechts (RGBl. I 1656) 76
1. 9. 39. Reichsleistungsgesetz (RGBl. I 1645) 81
5. 9. 39. Dritte VO. des RJustMin. und des RArbMin. zur Ausführung der VO. über Kündigungsschutz für Miet- und Pachträume (RGBl. I 1670) 75
6. 9. 39. Erlaß des RfPr., betr. VO. über Strafen und Strafverfahren bei Zuwiderhandlungen gegen Preisvorschriften (MittBl. d. RfPr. II 219) 22
13. 9. 39. Erlaß des RfPr., betr. Ordnungsstrafverfahren gegen Beamte und Angestellte öffentlicher Dienststellen (MittBl. d. RfPr. II 219) 21
15. 9. 39. Runderlaß Nr. 92/39 des RfPr., betr. Mietzinsüberwachung im Kriege (MittBl. d. RfPr. II 220) .. 94
26. 9. 39. Vierte VO. des RJustMin. und des RArbMin. zur Ausführung der VO. über Kündigungsschutz für Miet- und Pachträume (RGBl. I 1937) 95
27. 9. 39. Runderlaß Nr. 99/39 des RfPr., betr. Verfahren in Mietpreisbildungssachen über Wohnräume im Kriege (MittBl. d. RfPr. I 448) 27
27. 9. 39. Erlaß des RfPr., betr. Beschwerden gegen Ordnungsstrafen (MittBl. d. RfPr. II 231) 22
29. 9. 39. Neunte VO. des RArbMin. über das Verbot der Umwandlung von Wohnungen in Räume anderer Art (RAnz. Nr. 232 v. 4. 10. 39) 33
30. 9. 39. AllgVfg. des RJustMin., betr. Besetzung des Landgerichts als Beschwerdestelle in Mieteinigungssachen (DJ. 1582) 96
12. 10. 39. Runderlaß Nr. 107/39 des RfPr., betr. Geschäftsraummieten im Kriege (MittBl. d. RfPr. II 248) 28

III. Berliner Recht.

19. 5. 39. AnO. des Oberbürgermeisters über die Anmeldung von Räumen nach Maßgabe des Reichsgesetzes über Mietverhältnisse mit Juden vom 30. April 1939 (Amtsbl. Berlin 427) 98

Otto Walter, Buchdruckerei, Berlin SW 68

FSC
www.fsc.org
MIX
Papier | Fördert
gute Waldnutzung
FSC® C083411

Kolibri 360 GmbH
Ferdinand-Jühlke-Straße 7
99095 Erfurt, Deutschland
produktsicherheit@kolibri360.de